ゲルマン語対照辞典の試み

下宮 忠雄 著

東京 大学書林 発行

A contrastive dictionary of ten Germanic languages, Kontrastives Wörterbuch von zehn germanischen Sprachen, Dictionnaire contrastif de dix langues germaniques, by T.Shimomiya, Daigakusyorin, Tokyo, 2007. 172 pp.

は　し　が　き

　本書は英語，ドイツ語，オランダ語，デンマーク語，スウェーデン語，ノルウェー語，アイスランド語，ゴート語, Old English, Middle English のゲルマン 10 言語を扱い，基本語 700，ことわざ 10 選，語彙の構造，ヨーロッパ素（Europeme, G. Décsy），固有名詞，日本語・英語索引からなる．資料は C. D. Buck (ed.), A Dictionary of selected synonyms in the principal Indo-European languages (University of Chicago Press, 1971)，石垣幸雄『ヨーロッパ語小辞典』（福音館書店，1976）などによった．

　発音はカタカナ表記ないし簡略表記にとどめた．本書は最初ゲルマン語小辞典を作るつもりで，シュトライトベルク（W. Streitberg）のゲルマン祖語文法（Urgermanische Grammatik, 1896, 1974[4]）の索引に出る 3023 語（dags, dagr, dag のような重複分を含む）に関連の古代ゲルマン諸語の単語を加えることから始め，L まで進んだ（2000 年 3 月）のだがマイヤー・リュプケ（Meyer-Lübke）のロマンス語語源辞典（Romanisches etymologisches Wörterbuch, 5. Aufl. 1972）のような本格的なものに比べて，いかにも粗末なので，苦渋していたところ，大学書林社長の佐藤政人氏から「対照辞典」にしては，とのヒントを得て，2006 年 3 月に方向転換し出来上がったのが本書である．語数は多くはない．対照辞典の一つの試みのつもりである．菊池正敏編集長は種々原稿の不備を指摘してくださった．
　2007 年 3 月 7 日　埼玉県・所沢にて

　　　　　　　　　　　　　　　　　　下宮　忠雄

［はしがき追記］

　日本語は「平和」も「和平」も同じような意味で，英語はともに peace である．だが和平交渉（peace negotiation）を平和交渉とは言わない．「花火」「火花」は漢字の順序が変わると，意味が変わる．「ひまわり」の英語 sunflower とドイツ語 Sonnenblume（ゾンネンブルーメ）は「太陽の花」だが，フランス語 tournesol（トゥルヌ・ソル）とイタリア語 girasole（ジーラ・ソーレ）は「太陽に向くもの」の意味で，日本語に近い．このような研究を石垣氏は比較単語学と呼んでいる．花輪，花束，花見，花園，花祭り，花盛り…，開花，献花，生け花…，朝顔，昼顔，夜顔，sunflower に対して moonflower など，調べてみると，新発見があると思う．本書 p.17 の基礎語彙も，独自の収集があるはずだ．

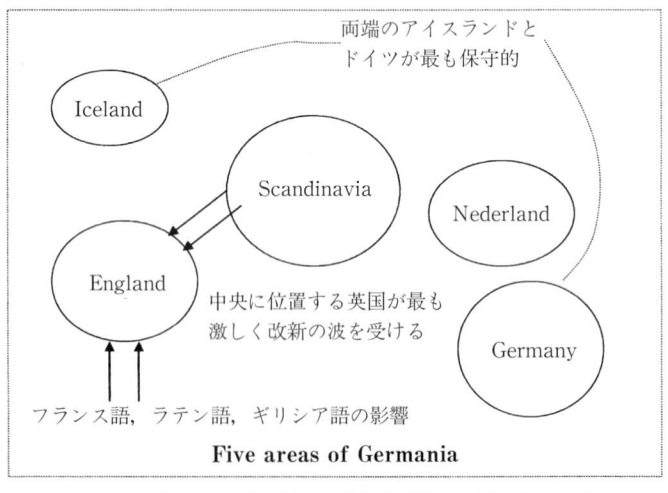

ゲルマニアの五つの地域（矢印は影響関係を示す）p.20

目　　　次

主要参考文献，言語名，発音について …………………4
§1－2．扱う10言語．印欧祖語からゲルマン語へ …………7
§3．ゲルマン語の特徴 …………………………………9
§4．ゲルマン諸語の統一性と多様性 …………………10
§5－6．文法性，定冠詞，名詞の複数 …………………11
§7－8．形容詞 …………………………………………13
§9．動詞：強変化と弱変化 ……………………………15
§10－11．基礎語彙100語，印欧祖語とゲルマン語 ……16
§12．ゲルマニアの5つの地域 …………………………20
§13．European syntax …………………………………24
§14．男性語と女性語 …………………………………25
§15－54．簡単な文，単語，文法，数詞 ………………26
§55－190．ジャンル別語彙 ……………………………65
§191．教養科目 seven liberal arts ……………………133
§192．ことわざ10選 ……………………………………134
§193．語彙の構造（§193－200は対照辞典外）………139
§194．コソアドの四体系 ………………………………142
§195．連想関係（人魚姫から連想する語彙）…………142
§196．「人魚姫」の分析 ………………………………143
§197．降っても照っても（rain or shine）……………145
§198．ラングとパロール（言語と言語外的事例）……146
§199．ヨーロッパ素（Europeme, G. Décsy）…………147
§200．固有名詞（proper names）………………………148
日本語索引 ………………………………………………152
英語索引 …………………………………………………162

[主要参考文献]

石垣幸雄『ヨーロッパ語小辞典』福音館書店，1976．(21か国語の基本単語集．著者は東京外国語大学教授，アフリカの言語が専門であるが，ヨーロッパの言語にも詳しく，世界の諺についての著書もある．1983年，52歳で急逝した)

寺澤芳雄編『英語語源辞典』研究社，1995．

千種真一編著『ゴート語辞典』大学書林，1997．

下宮忠雄「ヨーロッパ諸語の語彙の諸相」学習院大学言語共同研究所紀要 18（1995），3-31．

同上『ヨーロッパ諸語の類型論』学習院大学研究叢書33，2001．

The American Heritage Dictionary of the English Language. 4th edition, Boston & New York, 2002.

Bishkenova, A.(2000). Zum Problem von Gattungswörtern auf Grundlage von Eigennamen im gegenwärtigen Deutsch. *Sprachwissenschaft*, Bd. 25, 21-62. (silhouette, guillotine, marathonなど固有名詞に由来する普通名詞をdeonym，その研究をdeonymyと呼んでいる)

Buck, C.D. (ed., 3rd impr. 1971). A Dictionary of Selected Synonyms in the Principal Indo-European Languages. University of Chicago Press. (1949年初版出版時 $40で，1ドル360円の当時，値段は日本人の年収だった)

de Vries, Jan (1962), Altnordisches etymologisches Wörterbuch. Leiden, Brill. 2. Aufl. (固有名詞も含み有益)

Décsy, Gyula (1973), Die linguistische Struktur Europas. Wiesbaden, Otto Harrassowitz. (多くの知見を得た)

ibid.(1983), Global Linguistic Connections. Bloomington, Indiana, Eurolingua. (西暦紀元1年ごろ，地球総人口160

million のうち，ラテン語人口 40 million，ギリシア語人口 30 million，アラム語人口 10 million だったという）

ibid. (1988), A Select Catalogue of Language Universals. Bloomington, Eurolingua.（新機軸の言語普遍性）

Düringsfeld, Ida von, und Otto von Reinsberg-Düringsfeld (1973). Sprichwörter der germanischen und romanischen Sprachen. 2 Bde. Leipzig 1872-75, reprint Hildesheim, Olms.（ゲルマン・ロマンス比較ことわざ集）

Haudry, Jean (1979). L'indo-européen. Collection Que sais-je? Paris.（音論，形態論，統辞論，語彙，文化）

Hutterer, C.J. Die germanischen Sprachen. Budapest-München 1975.（歴史，文法，テキストを含む）

König, E. and J. van der Auwera (ed.) The Germanic Languages. London, Routledge, 1994.（最新の概説書）

Krahe, Hans (1969), Germanische Sprachwissenschaft. 2 Bde. 7. Aufl. Sammlung Göschen, Berlin 1969.

Paul, Hermann (1981). Deutsches Wörterbuch. 8. Aufl. Max Niemeyer, Tübingen.

Pottier, Bernard (1967). Présentation de la linguistique. Paris, Klincksieck.（アイデア豊富，言語学全般にわたる）

Priese, Oskar (1933). Deutsch-Gotisches Wörterbuch. 3. Aufl. Halle a.Salle, Max Niemeyer.

Solmsen, Felix (1922). Indogermanische Eigennamen als Spiegel der Kulturgeschichte. Hrsg. und bearbeitet von Ernst Fraenkel. Heidelberg, Carl Winter.

Stroh, Friedrich (1952), Handbuch der germanischen Philologie. Berlin, Walter de Gruyter, reprint 1994.

言語名：

　略称を E(nglish), G(erman), D(utch), D(anish)... とすると Dutch, Danish の区別がつかず，Du. Da. もぎこちないので幼稚だが，エ(English)，ド(German)，オ(Dutch)，デ(Danish)，ス(Swedish)，ノ(Norwegian)，ア(Icelandic)，ゴ(Gothic)とし，古(期)英語，中(期)英語は OE. ME. とした．他にラ(テン語)，ギ(リシア語)，フ(ランス語) などを用いた．

発音について：

1．カタカナまたは簡略表記の発音記号で表す．
2．アクセントは太字で示す．ベル**リ**ーン．
3．ドイツ語 [ɐ] は語尾 -r, -er の音を表す．
　Japaner [ja'pa:nɐ ヤパーナー] 日本人．
4．デンマーク語の声門閉鎖 (glottal stop, stød) は ['] で示す．bog (本) [bå:'w] は (ボー'ウ)．
5．スウェーデン語・ノルウェー語の複синtone (double tone) は tala [`ta:la] "to speak" のように示すが，カタカナの場合は特に記さなかった．
6．スウェーデン語の ä は (フィンランド語と同様)，ドイツ語と異なり，エよりはアに近い．
7．アイスランド語の長母音 á [au], æ [ai], ó [ou], mál [maul] 言語．pp, tt, kk は [hp] [ht] [hk] のように気音が前に生じる (preaspiration 気音前置)．happ [hahp ハハプ] 幸運．átta [ˈauhta アウフタ] 8．男性語尾 -ur の u [Y] はドイツ語 füllen の ü
8．カタカナよりも発音記号で示したほうが簡単な場合は，そのようにしたところもある．

§1. 扱う10言語．言語名，主要国，言語人口．

1．English (Englisch), England. イギリス，アメリカ，インド，オーストラリア，および第二言語として5～10億．England < Engla-land アングル人の国．

2．German (Deutsch), Deutschland. ドイツ，スイス，オーストリアに1.1億．deutsch は「民衆の」の意味．

3．Dutch (Nederlands, Niederländisch). オランダ，ベルギーに2100万．Nederland は「低地」の意味．

4．Danish (dansk, Dänisch), Danmark (Copenhagen, København), デンマーク，グリーンランドに540万．デーン人（ラテン語 Dani, Old English は Dene）の国．mark は「国，国境」，ラテン語 margo, marginis（国境）と同源．

5．Swedish (svensk, Schwedisch), Sverige (Stockholm) に900万．Sverige < Svéa-ríki, スヴェーア人の国．

6．Norwegian (norsk, Norwegisch), Norge に450万．Norge < Norðr-vegr, 北の道．

7．Icelandic (íslenska, Isländisch), Ísland (Reykjavík) に30万．Ís-land は「氷の国」．

8．Gothic (Gotisch), 民族名 Gothi, Guthones ; Wulfila (311-382) の布教地域 Moesia（現在 Bulgaria），西ゴート王国 (Tolosa, 507) に20万人 [E. Schwarz, Germanische Stammeskunde. Heidelberg 1956, p. 95]

9．Old English (Altenglisch) ; 全盛時代 Alfred the Great, King of Wessex（在位871-899）．

10．Middle English ; 全盛時代 Chaucer (1340-c.1400). 言語人口（1500）500万．寺澤芳雄・川崎潔編『英語史総合年表』研究社 (1993) による．

ゲルマン語 (Germanic, Germanisch) の中の分類：
① 英語・ドイツ語・オランダ語 = 西ゲルマン語 (West Germanic).
② デンマーク・スウェーデン・ノルウェー・アイスランド語 = 北ゲルマン語 (North Germanic) またはノルド語 (Nordic, Nordisch). ノルドは「北の」の意味.
③ ゴート語 = 東ゲルマン語 (East Germanic).

ゲルマン語という場合，(1) ゲルマン祖語 (Proto-Germanic, Urgermanisch) を指す場合，(2) ゲルマン諸語 (Germanic languages) を指す場合，(3) その一つを指す場合がある．

(1) Germanic, or Proto-Germanic, is the parent language of all Germanic languages. Germanic is a branch of Indo-European family of languages.
(2) English, German and Dutch are Germanic languages.
(3) English is a Germanic language.
[parent language, mother language, protolanguage 祖語]

§2. 印欧祖語からゲルマン語へ (from Proto-Indo-European to Germanic, vom Indogermanischen zum Germanischen)

言語の発達．言語は (1) 語族から語派，(2) 語派から個別言語，(3) 個別言語から (4) 方言に発達した．(1) language family into (2) language branches, into (3) languages, into (4) dialects. これを言語の分岐的発達 (divergent development) という (August Schleicher, 1861). 逆に方言がラジオ・テレビなどの発達で，標準語化，均一化に向かう (standardization). これを言語の収束的発達 (convergent development）という（Johannes Schmidt, 1872）．

　次の「父」を表す諸言語は分岐的発達の例である．

印欧祖語（紀元前 4 千年紀, fourth millennium） *pətēr 父
ラテン語（Latin, Lateinisch）pater
ギリシア語（Greek, Griechisch）patēr
サンスクリット語（Sanskrit）pitā（語幹 pitár-）
ゲルマン祖語（Proto-Germanic, 紀元前 5 世紀ごろ）*faðer
ゴート語（西暦 4 世紀）fadar [ˈfaðar] ゲルマン祖語に近い．
英語（21 世紀，以下同様）father
ドイツ語 Vater（ファーター，-r は英語と同様，母音化）
オランダ語 vader（ファーデル）
デンマーク語 far（ファー）．19 世紀末の fader の de が消失；
　語尾 r は母音化．
スウェーデン語 far（ファール）
ノルウェー語 far（ファール）
アイスランド語 faðir（ファーズィル）
Old English（9 世紀）fæder（フェデル）
Middle English（14 世紀）father（ファゼル）

§3. ゲルマン語の特徴（H. Krahe は 11 項目を掲げている）

1．アクセントが語の第一音節に固定した：*pəˈtēr ＞ father
2．子音推移（consonant shift, Lautverschiebung）：p ＞ f
3．強変化動詞（strong verbs）の過去・過去分詞に見える Ablaut 現象．sing-sang-sung は動詞の例だが，bind-band-bundle, sing-song など動詞と名詞の間にも起こる．
4．弱変化動詞（weak verbs）の過去．lived, worked などは live＋ed, work＋ed で，この -ed は do の過去 did の -d と

同じで，I lived は「生きることをした」，I worked は「働くことをした」が原義．Franz Bopp (1816) の説．
5．名詞における強変化と弱変化 (strong and weak declension)．books のような -s は強変化，oxen のような -n は弱変化．形容詞 a good father の good は古い時代には複雑な変化，the good father の good は簡単な変化をした．

§4. ゲルマン諸語の統一性と多様性 (unity and diversity of Germanic languages, Einheit und Verschiedenheit der germanischen Sprachen)

英語の book, ドイツ語の Buch（ブーフ）は同じ語源だが，「辞書」dictionary はフランス語 dictionnaire（ディクショネール）ないしラテン語 dictionarium からの借用語であるのに対し，ドイツ語は Wörterbuch（ヴェルターブーフ）で「単語の本」の意味である．デンマーク・スウェーデン・ノルウェー・アイスランド語はドイツ語式に「単語の本」．フィンランド語 sanakirja（サナキルヤ）はスウェーデン語 ordbok（ウードブーク）を翻訳借用 (loan translation, Lehnübersetzung) したものである．sana「単語」+kirja「本」．Jacob Grimm によると，ギリシア人，ローマ人は辞書の概念をもたず，dictionarium や lexikon はのちに作られた．Wörterbuch という単語は 17 世紀にはまだなかった．1719 年に Niederdeutsch の辞書に woordenboek（ヴォールデンブーク，オランダ語と同じ）が用いられ，他の言語に伝播した (Deutsches Wörterbuch, 1854, 序文 p. ix-x)．

「図書館」の英語 library はラテン語起源 (liber 本)，ドイツ語 Bibliothek（ビブリオテーク）はギリシア語起源である

(biblíon 本，thēkē 置き場所)．「汽車で行く」go by train はドイツ語では mit dem Zug fahren（ミット・デム・ツーク・ファーレン）となり，「汽車」も「行く」も前置詞も異なる．I love you と ich liebe dich を比べると，「私は」「愛する」は同源だが，you と dich が異なっている．you は ye（複数，汝らは）の目的格である．I love thee とすれば，ドイツ語の dich と同じ語源だが，thee は 1611 年の聖書に出る古い語形である．

　もう一つ例をあげよう．英語の 10 年，100 年，1000 年 decade, century, millennium はバラバラだが，ドイツ語 Jahrzehnt（ヤールツェーント），Jahrhundert（ヤールフンダート），Jahrtausend（ヤールタウゼント）は Jahr（年）のあとに 10, 100, 1000 をつけて単語の構造が明確だ．zehnt の -t は抽象名詞語尾で，tun (to do) の名詞 Tat（タート，deed），Geburt（ゲブールト，誕生）の -t と同じである．

　以下，若干の文法項目を取り上げる．

§5．文法性と定冠詞 (gender, Geschlecht ; article, Artikel)

　ラテン語やギリシア語の男性・女性・中性 (masculinum, femininum, neutrum) はドイツ語とアイスランド語には保たれているが，オランダ語では男性と女性が同じになり，vader（ファーデル）"father", moeder（ムーデル）"mother" は男女共通性，kind（キント）"child" は中性である．デンマーク語も far（ファー）"father", mor（モー）"mother" は共通性，barn（バーン）"child" は中性である．英語は Chaucer 以後，文法性の区別を失った．定冠詞は英語・ドイツ語・オランダ語では名詞の前に置く (der Vater, die Mutter, das Kind)

が，デンマーク語（および他のノルド語）では far-en, mor-en, barn-et のように名詞のあとに接尾する（suffixed article, postposed article という）．

§6. 名詞の複数 (book, books, the book, the books)

英語は book, books のように -s をつけるだけだが，ドイツ語 Buch（ブーフ）の複数 Bücher（ビューヒャー）は語尾 -er をつけた上に，語幹の母音を ü に変えねばならない．この u が ü に変わることを Umlaut（変母音, mutation）という．音声学的には palatalization（口蓋化，母音の前舌音化）といい，Old English の bōc（ボーク）"book", bēċ（ベーチ）"books" や speak, speech における [k] [tʃ] も同様である．オランダ語の boek（ブーク）の複数 boeken（ブーケン）は ox, oxen と同じ語尾だが，デンマーク語 bog（ボー'ウ）の複数は bøger（ベー'ヤ）でドイツ語と同じ語尾と変母音をもっている．スウェーデン語 bok（ブーク）の複数 böcker（ベッケル）は，語尾は同じだが，母音が変わり，さらに子音が長くなっている (ck = kk, consonant gemination)．ノルウェー語 bok（ブーク）の複数 bøker（ベーケル）の母音は変わっているが，長さは同じである．アイスランド語 bók の複数 bækir（パイキル）は母音 ó [ou] が æ [ai] になっている．これらに定冠詞をつけると，the book, the books; das Buch, die Bücher; het boek, de boeken; bogen, bøgerne; boken, böckerna; boka, bøkene（-r が定冠詞をつける際に脱落する）; bókin, bækurnar（パイキュトナル）となる．アイスランド語 rn の発音は [tn]．

「本」のドイツ語・オランダ語は中性名詞だが，デンマーク

語・スウェーデン語は共性 (common gender, fælleskøn)，ノルウェー語・アイスランド語では女性名詞である．ちなみにゴート語の bōka (ボーカ) は「文字」の意味で，女性．その複数 bōkōs (ボーコース) が「本」の意味となる．同じ語源の単語なのに，文法性が異なる例は「大学」のドイツ語 die Universität (ウニヴァージテート) が女性であるのに対し，デンマーク語（および他のノルド語）universitet-et (ウニヴァシテーテズ，-et [-əð]) が中性である．ラテン語 universitas, フランス語 université も女性．アイスランド語の「大学」は háskóli (ハウスコウリ，high school) という．skóli は男性．ドイツ語 Hochschule (ホーホシューレ) は単科大学と総合大学を含む．

§7. 形容詞の強変化と弱変化 (a good father と the good father).

ゲルマン語の特徴として，ゴート語を含め，形容詞の前に定冠詞がない場合は，形容詞は強変化 (strong declension, starke Deklination)，定冠詞がある場合は弱変化 (weak declension, schwache Deklination) をとる．

ドイツ語 guter Vater（および ein guter Vater, アイン・グーター・ファーター）"a good father", der gute Vater（デア・グーテ・ファーター）"the good father", オランダ語 en goed vader (エン・フート・ファーデル), de goede vader (デ・フーデ・ファーデル), デンマーク語 en god far (エン・ゴーズ・ファー), den gode far (デン・ゴーゼ・ファー), スウェーデン語 en god far (エン・グード・ファール), den gode faren (デン・グーデ・ファーレン). デンマーク語と異なり，定冠詞は形容詞の前と名詞のあとに，二重に表現され

る．ノルウェー語 en god far（エン・グー・ファール），den gode faren（デン・グーデ・ファーレン），スウェーデン語と同じで，形容詞の前と名詞のあとに定冠詞が重複する．アイスランド語 (einn) góður faðir（エイトン・コウズュル・ファーズィル），góði faðirinn（コウズィ・ファーズィリン）．スウェーデン語やノルウェー語と異なり，形容詞＋名詞の場合，定冠詞はなく，名詞に接尾される．

§8. 形容詞の述語的用法（predicative, prädikativ）

英語，ドイツ語，オランダ語は the father is good のように，形容詞を述語的に用いた場合は変化しないが，デンマーク語（および他のノルド語）は変化する（フランス語と同じ）．

ドイツ語　der Vater ist gut "the father is good", das Kind ist gut [das kint ist guːt] "the child is good", die Kinder sind gut [di ˈkindɐ zint guːt] "the children are good".

オランダ語　de vader is goed [də ˈfaːdər is xuːt], het kind is goed [hət kint is xuːt], de kinderen zind goed [də ˈkindərə zint xuːt].

デンマーク語　faren er god [ˈfaːɹn äɹ goːˀð], barnet er godt [ˈbaːˀnəð äɹ gɔt], de børn er gode [di bǿˀɹn äɹ goːðə].

スウェーデン語　faren är god [ˈfaːrən är guːd], barnet är gott [ˈbaːnət är gɔt], barnen är goda [ˈbaːnən är ˈguːda]. barn は単複同形，接尾定冠詞は中性単数 -et, 複数 -en.

ノルウェー語　faren er god [ˈfaːrən är guː], barnet er godt [ˈbaːɹnə är gɔt], barna er gode [ˈbaːɹna är ˈguːə].

アイスランド語　faðirinn er góður [ˈfaːðirin eːr ˈkouðʏr], barnið er gott [ˈpatnið eːr koht コホト], börnin eru góð ['pötnin eːrʏ kouð]. góð は góður の中性複数. アイスランド語では語頭の b, d, g の発音は p, t, k となる.

§9. 動詞：強変化動詞と弱変化動詞

sing-sang-sung, singen-sang-gesungen のように語幹母音を変えて過去・過去分詞を作る動詞を強変化動詞（strong verbs, starke Verben）, love-loved-loved, lieben-liebte-geliebt のように語幹に -ed, -te を接尾して過去・過去分詞を作る動詞を弱変化動詞（weak verbs, schwache Verben）という. これは Jacob Grimm (1819) 以来の伝統である.

古代ゲルマン語の強変化動詞には 7 種類があり, それらは, 過去の単数と複数が異なる語幹母音をもっていた. 次にゴート語の強変化動詞 7 種の例をあげる.

不定詞, 過去単数 1 人称, 過去複数 1 人称, 過去分詞の順.

第 1 類　greipan ['griːpan] "greifen", graip [graip], gripum ['gripum], gripans ['gripans]

第 2 類　biudan ['biuðan] "bieten", bauþ [bauθ], budum ['buðum], budans

第 3 類　bindan "binden", band, bundum, bundans

第 4 類　niman "nehmen", nam, nēmum, numans

第 5 類　lisan "lesen", las, lēsum, lisans

第 6 類　faran "fahren", fōr, fōrum, farans

第 7 類　lētan "lassen", laílōt ['lɛloːt], laílōtum, lētans

第 7 類は語根重複動詞（reduplicating verbs, reduplizierende Verben）と呼ばれ, ラテン語 canō（歌う）, ce-cinī（歌った）, ギリシア語 paideúō（教育する）, pe-paídeuka（教育した）のように語幹の第一音節が重複する.

第1類は語幹母音がi:, 第2類は iu, 第3類は語幹が i+ nasal or liquid を含む子音群. 第4類は語幹が nasal or liquid に終わる. 第5類は語幹が nasal or liquid 以外の子音に終わる. 第6類は語幹母音が a を含む. 第7類は語幹が ē を含む. ゴート語の過去分詞はドイツ語やオランダ語と異なり, 前綴 (prefix, Präfix) ge- がない.

英語 go-went-gone, take-took-taken とデンマーク語 gå-gik-gået, tage-tog-taget を比べると, 英語の過去分詞は -n なのに, デンマーク語の過去分詞は弱変化的な -t をもっている. デンマーク語 skrive ['sgri:və] は, ラテン語からの借用だが, 強変化で過去は skrev [sgre:'v], 過去分詞は skrevet ['sgre:vəð] となる. jeg har skrevet en bog [ja ha 'sgre:vəð ən bå:'w] "I have written a book", en skrevet bog "a written book" のように用い, den skrevne ['sgre:vnə] bog "the written book", de skrevne bøger "the written books" には古い過去分詞 -n が見られる.

§10. 基礎語彙 100 語 (basic 100 words, Grundwortschatz)

基礎語彙は Ogden-Richards の Basic English (850 words) が有名だが, ここに掲げるのはアメリカのスワデシュ (Morris Swadesh) が 1951 年に開発した言語年代学 (glottochronology) のためのもので, primitive な言語社会に必要な語彙を精選している. 言語年代学は語彙統計論 (lexicostatistics) とも呼ばれ, 基礎語彙の残存率によって, 祖語から個別言語へ分裂した年代を算定する. これによると基礎語彙は 1000 年間の間に 19%が失われる (81%が保たれる). 一言語から分裂した二言語が, 基礎語彙 100 語のうち 81%x 81% =

66％，すなわち66語を共通に保存していれば，分裂年代は1000年前ということになる．この計算で行くと，英語とドイツ語は1600年前に（西暦400年ごろ）分化したことになり，事実にあっている．その後，ロマンス諸語などに当てはまらない場合が多く出て（E. Coseriu），今日，あまりかえりみられないが，基礎語彙という考えは，外国語学習にとって興味深い資料となっている．

　ここに100語のリストを掲げる．

1. all, 2. ashes, 3. bark（樹皮）, 4. belly, 5. big, 6. bird, 7. bite, 8. black, 9. blood, 10. bone, 11. breast, 12. burn（自動詞）, 13. claw, 14. cloud, 15. cold, 16. come, 17. die, 18. dog, 19. drink, 20. dry, 21. ear, 22. earth, 23. eat, 24. egg, 25. fat（脂）, 26. feather, 27. fire, 28. fish, 29. fly, 30. foot, 31. full, 32. give, 33. good, 34. green, 35. hair, 36. hand, 37. head, 38. hear, 39. heart, 40. horn, 41. I, 42. kill, 43. knee, 44. know（事実）, 45. leaf, 46. lie（横たわる）, 47. liver, 48. long（遠い）, 49. louse, 50. man, 51. many, 52. meat, 53. moon, 54. mountain, 55. mouse, 56. mouth, 57. name, 58. neck, 59. new, 60. nose, 61. not, 62. one, 63. person, 64. rain, 65. red, 66. road, 67. root, 68. round, 69. sand, 70. say, 71. see, 72. seed, 73. sit, 74. skin（皮膚）, 75. sleep, 76. small, 77. smoke（煙）, 78. stand（人が）, 79. star, 80. stone, 81. sun, 82. swim, 83. tail, 84. that, 85. this, 86. thou, 87. three, 88. tongue, 89. tooth, 90. tree, 91. two, 92. walk, 93. warm（天気）, 94. water, 95. we, 96. what？ 97. white, 98. who？ 99. woman, 100. yellow.

これを見て気付くのは, 親族語彙がない (father, mother, son, daughter, child もない), 飲食物が少ない (egg, fat, fish, liver, meat, water のみ), 数詞は one, two, three のみである. belly, claw, louse, skin, tail などよりも, もっと必要なものがありそうだ. 基礎語なのに借用語が3つある (mountain, person, round はフランス語より). Sarah Gudschinsky (1956) の200語には father, mother, child, husband, wife, fruit, salt, five があるが, ten はない.

読者諸氏も, 現代の観点から必要・不要物を追加・削除して, 100語リストを作成してみていただきたい.

Gyula Décsy (デーチ, 1988, p.126) によると, 15 most stable words は次の通りである. 1. I/we, 2. two/pair, 3. thou/thee/you, 4. who/what, 5. tongue, 6. name, 7. eye, 8. heart, 9. tooth, 10. no/not, 11. fingernail/toenail, 12. louse, 13. tear (as in weeping), 14. water, 15. dead, その他 blood, ear, drink, eat, sleep, night, moon, sun.

§11. 印欧語の基礎語彙はゲルマン語にいくつ残っているか (How much Indo-European is Germanic? Wie viel indogermanisch ist Germanisch?)

ゲルマン語の語彙の30%は他の印欧語には知られていない (Jan de Vries, 1962), すなわちゲルマン語特有である. Alexander Jóhannesson のアイスランド語語源辞典 (Isländisches etymologisches Wörterbuch. Bern, 1956) によると 2200 の印欧語語根のうち 57% がアイスランド語に残っている. 以下, 基本的な単語が印欧語的 (indogermanisch, すべての印欧語に共通) かゲルマン語的 (germanisch, すべてのゲルマン語に共

通）かを見てみる．

BE ("be") は印欧語的だが，HAVE ("have") はゲルマン語的．
FOOT, HEAD, EYE は印欧語的だが，HAND はゲルマン語的．
COME は印欧語的だが，GO はゲルマン語的．
EAT は印欧語的だが，DRINK はゲルマン語的．
NEW は印欧語的だが，OLD はゲルマン語的．
GOOD はゲルマン語的だが，BAD は個別ゲルマン語的．
RED は印欧語的だが，GREEN, WHITE, YELLOW はゲルマン語的（部分的に印欧語的，BLACK は現代英語のみ例外）．

スワデシュの基礎語彙100語について，印欧語の純度（Indo-European purity）にしたがって検証してみる．ゲルマン語は，はたして，ラテン語やギリシア語のように高度に印欧語的であろうか，それとも印欧語性（Indo-Europeanness）において劣るだろうか．私が得た結果は，

(1) 立派に印欧語的（例 EAT）　　　　　　　　　45語
(2) 典型的にゲルマン語的（例 DRINK）　　　　　36語
(3) ゲルマン語内部で分かれる（例 DIE）　　　　19語
　　　　　　　　　　　　　　　　合計　　　　100語

となり，印欧語根が十分に多く保存されていることが分かる．ちなみに，100語のうちギリシア・ラテンの等語（isogloss）は32語，ゲルマン・ラテンの等語は42語である．
グチンスキーの基礎語彙200語について見ると，

(1) 立派に印欧語的　　　　　　　　　　　　　　59語
(2) 典型的にゲルマン語的　　　　　　　　　　　65語
(3) ゲルマン語内部で分かれる　　　　　　　　　76語
　　　　　　　　　　　　　　　　合計　　　　200語

となり，200語の場合，印欧語の純度が低くなる．

以上のことから，ゲルマン語は，先史時代に基層言語 (substratum) からの残存物および歴史時代における多くの改新 (innovation) を受けているにもかかわらず，ラテン語やギリシア語と同じくらいに高度に印欧語的である (Germanic is highly Indo-European)．

§12. ゲルマニアの5つの地域 (p.2参照)
(five areas of Germania, fünf Gebiete von Germanien)

　ゲルマニア（ゲルマン語域）はロマニア（ロマンス語域）と並んで，ヨーロッパの主要な言語域を占めている．

　Germania の名称はローマの歴史家 Tacitus (c.55 A.D.-c.120) の De origine situ moribus ac populis Germanorum（ゲルマーニアの起源・土地・習俗およびその民族について，泉井久之助訳『ゲルマーニア』岩波文庫，1979）に由来している．英語で Germany というのはドイツがゲルマニアの主要部分をなしていると考えたためである．イタリア語 Germania（ジェルマニア），ロシア語 Germanija（ゲルマニヤ）もドイツを指す．しかし，「ドイツ語」という場合は，イタリア語では tedesco（テデスコ），ロシア語では nemeckij（ニェミェツキー）という．tedesco には diutisk（deutsch，民衆の，ドイツの）が入っている．nemeckij は「啞（おし）の，言葉が分からない」の意味である．

　ゲルマニアを Iceland, Scandinavia, England, Nederland, Germany の五つの地域に分けると，p.2の図に見るように，この1500年の間に，次のことが生じたことが分かる．
(1) 英国はヴァイキング時代（Viking Age, 750-1050）にデンマーク語から call, die, fellow, hap (happen, happy, perhaps),

haven, hit, ill, knife, skill, sky, take, want, window など，生活必需の単語を借用した．地名にも多くの痕跡を残した．-beck（川，ドイツ語 Bach）は人名 Steinbeck（石川）の後半と同じで，Birkbeck（白樺川），Sandbeck（砂川）に残っている．-by（町）は Appleby（リンゴの町），Ashby（トネリコの町），Derby（鹿の町）に残る（Rugby は Rock-burg 岩のとりで）．-dal（谷，ドイツ語 Tal）は Kendal（Kent 州の谷），Kirkdale（教会谷，kirk = church，ドイツ語 Kirche），Oxendale（雄牛谷）に見られ，その他，-gate（通り，スウェーデン語 gata，ドイツ語 Gasse），-thorpe（村，ドイツ語 Dorf），-wick（入り江），-with（森）の地名がある．代名詞 they, their, them のような文法的な単語が Old English の hīe, hiera, him に代わってデンマーク語から入ってきたことは，言語の歴史上，非常にめずらしい．20 世紀になると，逆にアメリカから経由して生活のあらゆる分野にわたって新語が英語からノルド諸語に流入した．

(2) アイスランドはその名の通り，氷の島，そして火山の島である．西暦 874 年以降ノルウェーの西南地方から，ハラルド美髪王（Harald Hárfagri, Harald Fair-hair, Harald the Fair-haired）の政治を好まず，自由を求めて移住したノルウェー人で，貴族や豪族，インテリが多かった．彼らは厳寒，不毛の土地，長い冬の夜など，厳しい自然と戦いながら，後のエッダ，サガ，スカルド詩の豊富な文学を発達させた．930 年，ヨーロッパではめずらしい議会がアイスランド西南部にある Thingvellir（会議平原）でアイスランド全島会議（Althingi という，国会に当たる）が開催された．そのとき，人口は 3 万人であった．1930 年には千年祭が祝われた．2006 年 1 月，人口は 30 万

人に達し，出生率は 2.0 人（日本は 1.25 人）であるという．アイスランドは絶海の孤島のために，ヨーロッパ大陸から文物が流入することなく，古代ゲルマン性（Germanentum）が豊富に保たれてきた．言語学ではこれを古語は周辺地域に保たれる（marginal theory, Marginalsprachentheorie）という．イタリアのマッテーオ・バルトリ Matteo Bàrtoli (1925)，柳田国男(1930)らが唱えた．古語は都会では失われるが田舎では保たれる．

(3) 主要部分を占めるドイツ語はゲルマニアの中では保守的で，英語やオランダ語に比べて，古い文法や語彙を多く保持している．男性・女性・中性という印欧語時代からの三つの文法性，四つの格，動詞の人称語尾の豊富，forest, mountain, river など自然物（基本語であるにもかかわらず）がフランス語からの借用語であるのに対し，ドイツ語 Wald, Berg, Fluss は在来語（native words）である．

(4) オランダ語は地理的に英語とドイツ語の中間にあり，文法と語彙に関しても両者の中間にある．newspaper（新聞）がドイツ語は Zeitung [ˈtsaituŋ]（出来事, tidings）であるのに対し，オランダ語では krant [krant] というが，これは 16 世紀，フランス語からの courante [kuˈrãt] nouvellen（現代のニュース；複数語尾の -n はオランダ語）を短縮したものである．cou- > k- ([u] の消失) は couleur（色）> kleur [kløːr] にも見られる．cadeau [kaˈdoː]（贈り物）もフランス語だが，その指小形 cadeautje [-tjə] の語尾はオランダ語である．redacteur [redakˈtøːr] 編集者, secretaris [sekreˈtaːris] もフランス語からの借用語である．逆にベルギーのフランス語，フラマン語は opsteller [ˈɔpstɛlər], geheim-schrijver

[xəˈheim-ˈsxrejfər] でドイツ語と同じ言語材を用いる．ドイツ語 Hauptbahnhof [ˈhauptbaːnhoːf]（中央駅）のオランダ語 Centraalstation [senˈtraːlstaˈʃon] は形容詞＋名詞の語順を除けば，フランス語に近い．

(5) デンマーク・スウェーデン・ノルウェー語はノルド語的特徴を保ちながら今日にいたっている．この中ではスウェーデン語がもっとも保守的で，-or, -ar, -er の三種の複数が残っている．デンマーク語・ノルウェー語ではこの三つが -er に融合 (syncretism) している．København [købnˈhauˈn] は「商人の港」の意味だが，ノルウェー語では Kjøpenhamn，スウェーデン語では Köpenhamm（cf. navn 名 ＝ namn），アイスランド語では Kaupmannahöfn と綴る．この中ではアイスランド語の形が語源に最も近く，kaupmanna は kaupmaður（商人）の複数属格，höfn [höpn]（港）は英語の haven（cf. New Haven）に当たる．コペンハーゲンは古くは単に Havn（港）と呼ばれたが，後にたくさん港が作られたために，それらと区別するために，今日の名が生じたのである．コペンハーゲンのラテン名は Hafnia で，古い出版物にはこの名が用いられた．ノルウェーは 1814 年にデンマークから独立したことに伴い，ノルウェー語は 19 世紀から 20 世紀にかけて脱デンマーク語化が行われ，女性名詞が回復してきつつある．bok-en "the book" は女性名詞扱いされて bok-a [bùːka] となる．

　名詞の文法性を概観すると：
男性・女性・中性：German, Icelandic, Latin, Greek etc.
男女（共通）性・中性：Dutch, Danish, Swedish
男性・女性（中性が男性に合流）：French, Spanish, Italian
文法性なし：English, Japanese, Finnish, Hungarian etc.

§13. European syntax（近代ヨーロッパ諸語に共通の表現）

　冠詞の発達，be＋過去分詞で受動態を作り（英語の場合はbe＋現在分詞で進行形），have＋過去分詞で完了時制を作るのは近代ヨーロッパ諸語に発達した表現形式で，be や have の文法化（grammaticalization），ヨーロッパ的シンタックスと呼ばれるものである．ラテン語 scrīpserō と英語 I will written を比べると，ラテン語は scrīb-（書く），-s-（完了），erō（I will be）の三つの内容が1語の中にまとめて表現されているのに対して，英語は I will（1人称単数，未来）have written（書く，完了）が分析的に表現されている．ラテン語は synthetic form（総合的形式），英語は analytic form（分析的形式）が特徴である．ラテン語・ギリシア語・サンスクリット語のような古典語は総合的，近代ヨーロッパ諸語は分析的傾向を示す．フランス語 de la tête（頭の）とラテン語 capitis（同じ意味）を比べると，フランス語の概念（頭），類（女性），格（属格）がラテン語では1語で表現されている．これをドイツの言語学者レーヴィ（Ernst Lewy, 1881-1966）は屈折孤立化（Flexionsisolierung）と呼び，ヨーロッパの精神史上，重要な概念であるとしている（Der Bau der europäischen Sprachen. Dublin, 1941, 2. Aufl. Tübingen, 1964）．英語 of the head は文法性が失われたために単純化（simplification）がさらに進んでいる．これをヨーロッパ的改新（European innovations, europäische Neuerungen）と呼ぶ．Décsy（デーチ）は西欧をヨーロッパの表庭（Vorhof）と呼び，ここは言語的改新に積極的（neuerungsfreudig）だが，裏庭（Hinterhof）にあたる東欧は言語的改新に消極的（neuerungswidrig）であるとしている．

§14. 男性語と女性語 (masculine and feminine words)

　日本語の「友人」と英語の friend は男にも女にも用いられる．しかし，ドイツ語は Freund（フロイント），Freundin（フロインディン），フランス語は ami, amie（発音は両方ともアミ），スペイン語は amigo, amiga, イタリア語は amico, amica で語尾が異なっている．「王」「女王」は英語 king, queen で別語だが，ドイツ語は König, Königin で女性語尾 -in の有無がある．フランス語は roi（ロワ），reine（レーヌ）で別語に見えるが，もとのラテン語は rēx（レークス < rēg-s, -s は男性名詞主格語尾），rēgīna（レーギーナ）であるから，共通語であることがわかる．デンマーク語は konge（コンゲ），dronning（ドロニング）で別語である．

　男性語と女性語の差の大小を次の図に見てみよう．左端の[−]は差がないこと，右端の[＋]は差があること，そして，両者の間には差の大小があることを示す．

```
         student    poet      man       king
[−]──────────  ────────  ────────  ──────────[＋]
         student    poetess   woman     queen
```

[woman の語源は Old English の wīf-mann 女の人]

　日本語の「少年」「少女」は半分共通している．
英語 boy, girl, ドイツ語 Junge（ユンゲ），Mädchen（メートヒェン），フランス語 garçon（ギャルソン），jeune fille（ジュヌ・フィーユ）は別語だが，スペイン語 muchacho, muchacha（ムチャーチョ，ムチャーチャ），イタリア語 ragazzo, ragazza（ラガッツォ，ラガッツァ）は語尾で区別し，古典ギリシア語の「子供」は冠詞で男女を区別する．ho paîs（ホ・パイス，男の子），hē paîs（ヘー・パイス，女の子）．

− 25 −

簡単な文と単語を見てみよう (§15-27).

§15. 私はパンを食べ, 水を飲む.

エ　I eat bread and drink water.

ド　Ich esse Brot und trinke Wasser.

オ　Ik eet brood en drink water.

デ　Jeg spiser brød og drikker vand [van'].

ス　Jag ät bröd och drikker vatten.

ノ　Jeg spiser brød og drikker vand.

ア　Ég borða brauð og drekk vatn. (borða "to eat")

ゴ　Ik matja hlaif jah drigka wato. (drigka [driŋka])

OE. Ic ete hlāf and drinke wæter.

ME. Ich ete brede and drinke water.

　パンと水は人間が生きるに必要な最小限度のものである. 小アジア (Asia Minor) のヒッタイト語 (Hittite) をチェコの東洋学者フロズニー (B. Hrozný) が解読したとき (1917),「汝らはパンを食べ, 水を飲むべし」の「パン」と「水」が手がかりだった. どちらも生きるための必需品である.

[注] (1)「パン」は古いゲルマン語では英語 loaf にあたるものが用いられたが, 8世紀ごろから bread (< *bhreu- 焼く, 焼かれたもの) が好まれるようになった. 8世紀のドイツ語 Tatian (タツィアン, 福音書) ではラテン語の panis (パン) が brōt と laib で無差別に訳されているが, brōt のほうが優勢である. (2)「食べる」のスは eat (< *ed-) と同じ系統だが, da. no. はドイツ語の speisen (シュパイゼン) と同じくラテン語 expendiare (贅沢する) からの借用である. ローマ人の食事はゲルマン人のよりも高級だった. ゴ matjan (食べる) は英語 meat (原義：食べ物) と同源.

§16．私は英語を話す．

エ　I speak English.
ド　Du sprichst Deutsch. [duːʃpriçst dɔytʃ]
オ　Hij spreekt Nederlands. [hɛi spreːkt ˈneːdərlants]
デ　Hun taler dansk. [hun ˈtaːlɪ danˈsg]
ス　Vi talar svenska. [viː `taːlar `svɛnska]
ノ　Dere snakker norsk. [`deːrə `snakkər nɔʃk]
ア　Þeir tala íslensku. [θeir ˈtaːla ˈislɛnsku]
ゴ　彼らはゴート語で話した．rōdidēdun in razdai seinai.
OE．彼らは英語を話した．Hīe spræcon Englisċ.
ME．彼らは英語を話した．They spāken English.

[注] 言語名は形容詞の中性形を用いる．Deutsch（ドイツの，ドイツ語）は本来「ドイツの，ドイツ式に」であった．ラテン語は Latīne loquor（ラテン語で話す）といい，Novum testamentum graece et latine（新約聖書ギリシア語およびラテン語にて）という書名がある．ロシア語でも govorít' po-rússki（ガヴァリーチ・パ・ルースキ，ロシア語で話す，ロシア式に話す）という．er schreibt auf deutsch（彼はドイツ語で話す）と言い，デンマーク語でも han skriver på dansk（彼はデンマーク語で書く）のように言う．ノ snakker の原義は「しゃべる」．ア íslensku は íslenska の対格で，íslenska tunga（Icelandic language）の名詞が省略された形である．ノ dere（君たち）は語源的には古代ノルド語 þeir（英語 they）．ゴ rōdidēdun [ˈroːðiðeːðun] < rōdjan. in razdai seinai [ˈrazdai ˈsiːnai] "in their language". Gothic, gotisch の形容詞がないので，Gut-þiuda "Goten-volk" を使い in razdai Gut-þiudōs とすることもできよう．

§17. 言語と文化

エ　language and culture
ド　Sprache und Kultur
オ　spraak en cultuur
デ　sprog og kultur
ス　språk och kultur
ノ　språk og kultur
ア　mál og menning
ゴ　(razda jah þiuda "Sprache und Volk")
OE.　(sprǣċ and folc)
ME.　(langage and culture)

［注］言語は文化の担い手である（die Sprache ist Träger der Kultur）．言語と宗教は文化の重要な指標となる．男と女，夫と妻，言語と文化のような対句の場合，冠詞はゼロになることが多い．language も culture もラテン語からの借用語である．ラテン語 lingua には「言語」と「舌」の意味があった．舌は言語音を出すための重要な機関（organs of speech）の一つである．ラテン語 cultūra は「耕作」が原義で，agrī cultūra（畑の耕作）が「農業」となった．mentis cultūra（心の耕作）はギリシア語 philo-sophia のラテン語訳だが，「教養」「文化」の意味に用いられるようになった．isl. menning（文化）は menna（人間にする，教育する）の名詞で，menna は maðr（人間，対格 mann）に対する動詞である．bókmenntir (book-education) は「文学」の意味．bókmenntasaga は「文学史」である．ラテン語 litterātūra（文学）はロシア語も含めて，西欧諸語に用いられるが，アイスランド語は独自の表現をくふうしている．

§18. 人間, 男, 女

エ　man ; man ; woman
ド　Mensch ; Mann ; Frau
オ　mens（メンス）; man ; vrouw（フラウ）
デ　menneske（メネスケ）; mand マン ; kvinde クヴィネ
ス　människa（マンニシャ）; mann ; kvinna
ノ　menneske（メンネスケ）; mann ; kvinne
ア　maður（マージュル）; maður ; kona（コーナ）
ゴ　manna（マンナ）; guma ; qēns（クウェーンス）
OE. mann ; wer（ウェル）; cwene（クウェネ）
ME. man ; quene（クウェネ）

[注] Mensch, menneske は manniskus「人間の」という形容詞から来ている．ドイツ語 Mensch（Mann+Frau）はラテン語の homo（vir+fēmina），ギリシア語の ánthrōpos（anēr+gynē）と同様，男と女を包括する総称である．英語 man やフランス語 homme は「人間」と「男」を表す．この関係は day が「日（夜を含む）」と「昼」の両方を表すことと似ている．スペイン語 hijo（イホ, 息子）と hija（イハ, 娘）の総称は hijos（イホス, 子供たち）となる．OE. の werhādes mann（ウェル ハーデス・マン, 'manhood's man', 男の人），wīfhādes mann（ウィーフ ハーデス・マン, 'womanhood's man', 女の人）は Aelfric の『ラテン語文法』（Aelfrics Grammatik, ed. K. Zupitza, Berlin 1880, reprint 1966）にあり，日本語の表現と同じである．Old Norse の karlmaðr（カルルマズル, 男の人），kvennmaðr（クヴェンマズル, 女の人）も日本語と同じ言い方である．

§19. 父, 母, 両親, 息子, 娘

エ　father ; mother ; parents ; son ; daughter
ド　Vater ; Mutter ; Eltern ; Sohn [zo : n] ; Tochter ['tɔxtɐ]
オ　vader ; moeder ; ouders（アウデルス）; zoon（ゾーン）; dochter（ドホテル）
デ　far ; mor ; forældre ; søn ; datter（ダッター）
ス　far ; mor ; föräldrar ; son ; dotter（ドッテル）
ノ　far ; mor ; foreldre ; sønn ; datter（ダッテル）
ア　faðir ; móðir ; foreldrar ; sonur ; dóttir ['touhtir]
ゴ　atta (fadar) ; aiþei ['aiθi :] ; bērusjōs ; sunus ; dauhtar ['dɔxtar]
OE. fæder ; mōdor ; ieldran ; sunu ; dohtor ['dɔxtor]
ME. fader ; moder ; eldren (parentes) ; sone ['sunə] ; doughter ['duxtər]

§20. 兄弟, 姉妹

エ　brother ; sister
ド　Bruder（ブルーダー）; Schwester（シュヴェスター）
オ　broeder（ブルーデル）; zuster（ゾステル）
デ　bror（ブロー）; søster（セスター）
ス　bror（ブルール）; syster（シュステル）
ノ　bror（ブルール）; søster（セステル）
ア　bróðir（ブロウズィル）; systir（システィル）
ゴ　brōþar ; swistar
OE. brōþor [-ð-] ; sweostor ; ME. brother ; sister
[注] ド Geschwister "brothers and sisters" = ス syskon, デ søskende, ノ søsken, ア systkin

§21. 夫，妻，結婚する

エ　1.husband, 2.wife, 3.marry
ド　1.Mann, 2.Frau, 3.heiraten [ˈhaira:tən]
オ　1.man, 2.vrouw [vrɑu], 3.trouwen [ˈtrɑuvən]
デ　1.mand [man'], 2.kone [ˈko:nə], 3.gifte sig [ˈgiftə sai]
ス　1.man, 2.hustru [`hʉstrʉ:], 3.gifta sig [jìfta sai]
ノ　1.mann, 2.kone, 3.gifte seg [jìftə sai]
ア　1.bóndi [ˈpounti], 2.kona, 3.giftast [ˈkiftast]
ゴ　1.aba, 2.qēns, 3.liugan（私・男は結婚する liuga；私・女は結婚する liugaiþa im "I am married"）

OE. wer；wīf；weddian, wīfian "take a wife"
ME. husbonde；wife；wed, mary
［注］ド heiraten 家（heim）の調度（rat）を整える．デ gifte sig 自分を捧げる．ゴ liugan 誓う．

§22. 子供，赤ちゃん，少年，少女

エ　1.child, 2.baby, 3.boy, 4.girl
ド　1.Kind [kint], 2.Baby [ˈbe:bi], 3.Junge, 4.Mädchen
オ　1.kind [kint], 2.baby, 3.jongen [ˈjɔŋən], 4.meisje [ˈmɛi-]
デ　1.barn, 2.baby [ˈbeibi], 3.dreng [drɛŋ'], 4.pige [ˈpi:ə]
ス　1.barn, 2.baby, 3.pojke [`pɔjkə], 4.flicka [`flikka]
ノ　1.barn, 2.baby, 3.gutt [gʉtt], 4.pike [ˈpi:kə]
ア　1.barn [patn], 2.ungbarn, 3.drengur, 4.stúlka
ゴ　1.barn, 2.(barnilō), 3.magus, 4.mawi

OE. 1.cnapa, 3.mæġden [ˈmæi-]；ME. 1.bearn, cild, 3.knave, 4.maide(n)［注］ド Kind < *idg. gen-tóm 生まれた者（中性），デ barn 生まれた者（cf. I was born < idg. *bher- 生む）．

§23. 友人，友人（女），敵

エ　1. friend, 2. (girl) friend, 3. enemy
ド　1. Freund [frɔynt], 2. Freundin ['frɔyndin], 3. Feind
オ　1. vriend [vri:nt], 2. vriendin [-'in], 3. vijand ['fɛiant]
デ　1. ven [vɛn], 2. veninde [vɛn'enə], 3. fjende ['fjɛnə]
ス　1. vän [vänn], 2. väninna [-ìnna], 3. fiende ['fi:əndə]
ノ　1. venn [vɛnn], 2. venninne [-ìnnə], 3. fiende [fìənnə]
ア　1. vinur ['vi:nʏr], 2. vinkona [-ko:na], 3. óvinur ['ou-]
ゴ　1. frijōnds ['frijo:nts], 2. frijōndi, 3. fijands ['fijants]
OE. 1. frēond, 3. fēond
ME. 1. frend, 3. enemi

[注] ゴート語・ドイツ語・オランダ語の「友人」は「愛する人」，「敵」は「憎む人」が原義．frijōnds は frijōn（愛する）の現在分詞，fijands は fijan（憎む）の現在分詞である．この現在分詞は student（研究する人，学生），resident（住んでいる人，住民），president（前に坐っている人，学長，社長，大統領）の -ent と同じである．「敵」の英語とアイスランド語は両極端を示す好例だ．enemy はラテン語 inimīcus（＜ in＋amīcus 友人でない）からフランス語を経由して英語に入った．óvinur は ó（否定）＋vinur（友人）で，ラテン語やポーランド語 nieprzyjaciel（ニェプシヤーチェル，友人にあらず）と同じ．友人が男性か女性かは，英語は気にしないと見える（男女同権の証拠か）．ドイツ語 -in，スウェーデン語 -inna などはラテン語 rēgīna（女王，王は rēg-s, rēx）の -īna や ballerina, Christina の語尾と同じ．アイスランド語は語尾でなく -kona（婦人）の複合語．

§24. 世界，天，地

エ 1.the world, 2.the heaven, 3.the earth
ド 1.die Welt, 2.der Himmel, 3.die Erde
オ 1.de wereld, 2.de hemel, 3.de aarde
デ 1.verden, 2.himmelen, 3.jorden
ス 1.världen, 2.himmelen, 3.jorden
ノ 1.verden, 2.himmelen, 3.jorden
ア 1.veröldin, 2.himinninn, 3.jörðin
ゴ 1.faírhwus, 2.himins, 3.aírþa ['ɛrθa]
OE. 1.middangeard, 2.heofon, 3.eorþe
ME. 1.werld, 2.heven, 3.erthe

[注] da. verden = verd+en < Old Norse ver-ǫld 人間の時代． ゴ faírhwus (ギ kósmos を訳した), cf. OE. feorh "life". OE. middan-geard「中園」． 北欧神話で人間の世界 (Old Norse Miðgarðr) は神々の世界 (Ásgarðr) と巨人の世界 (Jotunheimr) または冥土 (Hel) の中間にあると考えられた．

§25. 海と陸 (the land and the sea)

エ the land and the sea
ド das Land und das Meer [Meer, cf. lat. mare, rus. morje]
オ het land en de zee
デ landet et havet ['lan'əð ɔu 'ha : vəð]
ス landet ock havet
ノ landet og havet
ア landið og hafið
ゴ land jah marei ['mari :]
OE. land and sæ ; ME. land and see

§26. 太陽と月 (the sun and the moon)

エ the sun and the moon
ド die Sonne und der Mond
オ de zon en de maan
デ solen og månen
ス solen ock månen
ノ sola og månen
ア sólin og tunglið
ゴ sunna jah mēna
OE. sunne and mōna
ME. sonne and mone

[注] moon は印欧語根 *mē-(測定する)より．「時の測定者」の意味．ラテン語 lūna (月) は *leuk-snā (光るもの，cf. light). ア tungl はゴート語 tuggl, OE. tungol にもあり．

§27. 戦争と平和

エ war and peace
ド Krieg und Frieden
オ oorlog en vrede
デ krig og fred
ス krig och fred
ノ krig og fred
ア stríð og friður
ゴ (*wigans) jah gawaíþi
OE. wīg and friþ
ME. werre and pais

    Tolstoy, Vojná i mir (1863-69, ワイナー・イ・ミール)

文法と基本的な動詞，数詞を見てみよう（§28-54）．

§28. 定冠詞（definite article）

冠詞はサンスクリット語，ラテン語にはまだ発達しておらず，古典ギリシア語において最も早くから発達した．俗ラテン語の時代に定冠詞が発達し，今日のロマンス諸語に至っている．定冠詞は指示代名詞の弱形から（that → the），不定冠詞は数詞「1」の弱形（one → a, an）から発達した．ラテン語（ūnus fīlius, ūna fīlia）→ イタリア語（un figlio, una figlia, a son, a daughter）．アイスランド語 ég á bók（イェーグ・アウ・ポウク I have a book），現代ギリシア語 ékho biblío（エホ・ヴィヴリーオ I have a book）には不定冠詞がまだ発達していない．

エ the father, the mother, the child
ド der Vater, die Mutter, das Kind
オ de vader, de moeder, het kind
デ far-en, mor-en, barn-et（名詞の後に接尾）；
den gode far, den gode mor, det gode barn
ス far-en, mor-en, barn-et（名詞の後に接尾）；
den goda faren, den goda moren, det goda barn
［形容詞の前と名詞の後に，ノルウェー語も，二重限定］
ノ far-en, mor-a, barn-et（名詞の後に接尾）；
den gode faren, den gode moren, det gode barnet
ア faður-inn, móðir-in, barn-ið；
góði faðir-inn, góði móðir-in, góða barn-ið
ゴ 未発達 wigs sa brigganda (the road that leads into ...)
OE. se fæder, sēo mōþor [ˈmoːðor], þæt čīld
ME. þe (the) fader, moder, þæt chyld

§29. コソアド (this, that-near, that-far, which)

コレは一人称の指示詞,ソレは二人称の指示詞,アレは三人称の指示詞だが,この本(私のところにある),その本(君のところにある),あの本(彼のところにある,離れたところにある)を,英語は this book, the book with you, the book with him のように言わねばならない.あの本,例の本という場合は単に the book でよい.ラテン語は hic liber, iste liber, ille liber という三個の指示体系 (deixis) を持っている.この三番目の ille がロマンス諸語の定冠詞に発達した.イタリア語 il libro (the book), la casa (the house),フランス語 le livre (the book), la maison (the house) のように.

ゲルマン語は一般に this-that の二項体系である.しいて言えば this-that-the だが,これらすべての印欧語根は *to- で,サンスクリット語 tad-,ギリシア語 to,ラテン語 is-tud (の後半),ゲルマン語,スラヴ語 to にあらわれる.

§30. ここ,そこ,あそこ,どこ (here-there-where)

英語の here-there-where [語根 *ko-, *to-, *kwo-] は美しい体系を示している.まるで -re が副詞の語尾ででもあるかのようだ.「あそこ」は over there だが,日本語の「あ・そこ」のように複合形成になっている.there は there are many people のように場所と関係ない場合にも用いられる.

古くは hither (ここへ来る), thither (そこへ行く), whither (どこへ行くのか) があった.ドイツ語は hier (ここにいる), hierher (ここに来る), dorthin (そこへ行く), woher (どこから来るか), wohin (どこへ行くか) のようにどこにいる (wo 静止)とどこへ行く (wohin 方向)を区別する.here-there-where

― 36 ―

のラテン語は hīc-ibi-ubi で，長音 hīc (here) は hic (this) の強調形．ibi, ubi よりも alibi (elsewhere, at another place) のほうが知名度が高い．ubi bene ibi patria (住みやすいところが祖国)．

ド hier (ここに), hierher (ここへ), dort (そこに), dorthin (そこへ), wo (どこに), wohin (どこへ)

オ hier (hier), hierheen (hierher), daar (dort), daarheen (dorthin), waar (wo), waarheen (wohin)

デ han bor her (he lives here), hun kommer hit (she comes here), hvor bor du? (wo wohnst du?), hvor skal du hen? (where are you going?)

ス här (ここに), hit (ここへ), där (そこに), dit (そこへ), var? (どこに), vart? (どこへ)

ノ her (ここに), hit (ここへ), der (そこに), dit (そこへ), hvor? (どこに), hvorhen? (どこへ)

ア hér (ここに), hérna (ここへ), þar (そこに), þarna (そこへ), hvar (どこに), hvert (どこへ)

ゴ her (ここに), hiri, hidre (ここへ), jainar (そこに), jaind, jaindre (そこへ), hwar (どこに), hwadre, hwaþ (どこへ) [hwar = hwa-plus locative-r]
 qim her (come here! Luc. 7, 8), haltans attiuh hidre (bring in here the lame! Luc. 14, 21)

OE. hēr (here), hider (hither), þær (there), þider (thither), hwær (where? whither?)

ME. heer and ther (here and there), her and ther (hither and thither), hwere (where), hwiderward (whither)

§31. これは本です．

エ This is a book. These are books.
ド Das ist ein Buch. Das sind Bücher.
オ Dat is een boek [bu:k]. Dat zijn boeken.
デ Det er en bog [bå:'w]. Det er bøger.
ス Det är en bok [bu:k]. Det är böcker.
ノ Det er en bok [bu:k]. Det er bøker.
ア Þetta er bók [pouk]. Þetta eru bækur ['paikYr].
ゴ [þata sind bōkōs.(複数)] 単数 bōka は「文字」
OE. [þæt is bōc.] ME. [This is a boke.]
[注] ド ＝ フランス語 c'est un livre, ce sont des livres.

§32. 人称代名詞 (my book など所有代名詞は §34)

エ 1.I, me, 2.you, you, 3.he (she, it), him (her, it),
4.we, us, 5.you, you, 6.they, them

ド
1.ich	4.wir
meiner	unser
mir	uns
mich	uns
2.du	5.ihr
deiner	euer
dir	euch
dich	euch
3.er (sie, es)	6.sie
seiner (ihrer, seiner)	ihrer
ihm (ihr, ihm)	ihnen
ihn (sie, es)	sie

二人称敬称　Sie, Ihrer, Ihnen, Sie

オ　1.ik　　　　　　　　　　4.wij [vɛj]
　　　mij (＝ mir, mich)　　　　ons
　　2.jij　　　　　　　　　　5.jullie [jölli]
　　　jou　　　　　　　　　　jullie
　　3.hij (zij, het)　　　　　6.zij [zɛi]
　　　hem (haar, het)　　　　　hun (dat.)
　　　　　　　　　　　　　　　hen (acc.)

　　二人称敬称　u（単複共通）u

デ　1.jeg [jai]　　　　　　　4.vi
　　　mig [mai]　　　　　　　　os
　　2.du　　　　　　　　　　5.I [i]
　　　dig [dai]　　　　　　　 jer [jɛɹ]
　　3.han (hun, den, det)　 6.de [di]
　　　ham (hende ['henə], den, det)　dem
　　den er en bog (it is a book)
　　det er et hus (it is a house)
　　二人称敬称　De [di], Dem [dɛm]（単複同形）

ス　1.jag [ja:g]　　　　　　4.vi
　　　mig [mai]　　　　　　　 oss
　　2.du　　　　　　　　　　5.ni
　　　dig [dai]　　　　　　　 er
　　3.han (hon, den, det)　 6.de
　　　honom (henne, den, det)　dem
　　den er en bok (it is a book)
　　det er et hus (it is a house)
　　二人称敬称　ni, er（単複同形）

－ 39 －

ノ 1. jeg [jai]　　　　　4. vi
　　meg [mai]　　　　　 oss
　 2. du　　　　　　　 5. dere [`de:rə]
　　deg [dai]　　　　　 dere
　 3. han (hun, den, det)　6. de [di:]
　　ham (henne, den, det)........ dem
　　den er ei bok, det er et hus (it is a book, a house)
二人称敬称（あまり用いない）De [di:], Dem（単複同形）

ア 1. ég [je:g]　　　　　4. við
　　mín　　　　　　　 okkar
　　mér [mje:r]　　　　 okkur
　　mig [mi:g]　　　　 okkur
　 2. þú　　　　　　　 5. þið
　　þín　　　　　　　 ykkar
　　þér　　　　　　　 ykkur
　　þig　　　　　　　 ykkur
　 3. hann (hún, það)　　6. þeir (þær, þau)
　　hans (hennar, þess)　þeirra (þeirra, þeirra)
　　honum (henni, því)　þeim (þeim, þeim)
　　hann (hana, það)　　þá (þær, þau)

[注] við Gunnar "we, Gunnar and I", þið Gunnar "you and Gunnar", þeir Gunnar "they, Gunnar and others"; þau (Gunnar og Signý) eru ung (n. pl.). "They are young."

ゴ 1. ik　　　　　　4. weis [wi:s] [dual: wit "we two"]
　　meina [mi:na]　 unsara　[ugkara]
　　mis　　　　　　 unsis　[ugkis]
　　mik　　　　　　 unsis　[ugkis]

2.þū　　　　　　　5.jūs　　　[dual: jut? "ye two"]
　　　þeina [θi:na]　　　izwara　　[igqara]
　　　þus　　　　　　　　izwis　　　[igqis]
　　　þuk　　　　　　　　izwis　　　[igqis]
　　3.is (si, ita)　　　6.eis [i:s] (ijōs, ija)
　　　is (izōs, is)　　　izē (izō, izē)
　　　imma (izai, imma)　im (im, im)
　　　ina (ija, ita)　　 ins (ijōs, ija)
OE. 1.iċ　　　　　　　　4. wē　　　[dual: wit "we two"]
　　　mīn　　　　　　　　ūre　　　　[uncer]
　　　mē (dat. acc.)　　 ūs [unc]
　　2.þū　　　　　　　　5.ġē　　　 [dual: ġit "ye two"]
　　　þīn　　　　　　　　ēower　　　[incer]
　　　þē (dat. acc.)　　 ēow　　　　[inc]
　　3.hē (hēo, hit)　　 6.hīe
　　　his (hi(e)re, his)　hi(e)ra
　　　him (hi(e)re, him)　him
　　　hine (hīe, hit)　　 hīe
ME. 1.I, ich, ik　　　　　4.we
　　　my, myn　　　　　　　 our(e), oures
　　　me　　　　　　　　　　us
　　2.thou, thow　　　　　 5.ye
　　　thy, thyn　　　　　　 your(e), youres
　　　the(e)　　　　　　　　you, yow
　　3.he (she, hit/it)　　 6.they
　　　his (hir(e)/her(e)s, his)　hir, her(e)
　　　hym (her(e)/hir(e)/her, hit/it)　hem

§33. my father, my mother, my child（所有代名詞）

エ 1.my father, 2.my mother, 3.my child, 4.your, 5.his,
6.her, 7.its, 8.our, 9.your, 10.their

ド 1.mein Vater, 2.meine Mutter, 3.mein Kind, 4.dein, Ihr,
5.sein, 6.ihr, 7.sein, 8.unser, 9.euer, 10.ihr

オ 1.mijn vader, 2.mijn moeder, 3.mijn kind, 4.jouw, uw,
5.zijn, 6.haar, 7.zijn, 8.onze, 9.jullie, uw, 10.hun, haar

デ 1.min far, 2.min mor, 3.mit barn, 4.din, dit, dine, Deres,
5.hans, 6.hendes, 7.dens, dets, 8.vores, 9.Deres, 10.deres

ス 1.minn far, 2.minn mor, 3.mitt barn, 4.din, dit, dina,
5.hans, 6.hennes, 7.dens, dets, 8.vår, vårt, våra, 9.er,
10.deras

ノ 1.min far, 2.min mor, 3.mit barn, 4.din, dit, dine,
5.hans, 6.hennes, 7.dens, dets, 8.vår, vårt, våre, 9.deres,
10.deres

ア 1.faðir minn, 2.móðir mín, 3.barn mitt, 4.þinn, þín, þitt,
5.hans, 6.hennar, 7.þess, 8.vor, vort, vor, 9.ykkar,
10.þeirra

ゴ 1.atta meins [miːns], 2.aiþei meina, 3.barn mein,
4.þeins, 5.is, 6.izōs, 7.is, 8.unsar, 9.izwar (Dual igqar
[ˈiŋkwar] euer beider), 10.izē

OE. 1.mīn fæder, 2.mīn mōdor, 3.mīn čild, 4.þīn, 5.sīn, his,
6.hiere, 7. his, 8.ūre (Dual uncer), 9.ēower (Dual incer),
10.hiera

ME. 1.mī fader, 2.mī mōder, 3.mī chīld, 4.thī(n), 5.his,
6.hire, 7.his, 8.oure, 9.youre, 10.here, þayr, thair

[注] ME. their は北部方言と Scottish dialect から始まる．

§34. 疑問代名詞 (who, what, which)

エ who (whom), what, which
ド wer (wessen, wem, wen), was, welch-er (-e, -es)
オ wie, wat, welk
デ hvem, hvad, hvilken
ス vem, vad, vilken
ノ hvem, va, vilken
ア hver (hver, hvert), hvað, hvílíkur (hvílík, hvílíkt)
　　[kvʏːr, kvʏːrt, kvaːð, kviː-]
ゴ hwas (hwa, hwat), hwō (fem.), hwat, hwaleis
OE. hwā, hwæt, hwelċ
ME. whō (whōm), what, which
[注] 印欧語根 *kwi- (ラ quis, quid), *kwo- (quod) がゲルマン語で hw- となり OE. hwā, hwæt (who, what) となった.

§35. 感嘆文 (exclamatory sentence)

エ What a fine weather!
ド Welch ein schönes Wetter!
オ Wat een mooi weer!
デ Sikket dejligt vejr! [vɛːˈɹ] (sikket < se hvilket et)
　　Sikken dejlig bog! (What a beautiful book!)
ス Vilket härligt väder!
ノ Hva for et deilig vær! [ˈdæili]
ア En gott veður! [ɛn kɔht ˈveːðʏr]
ゴ Hwaiwa skaunjai fōtjus þizē spillōndanē gawaíþi!
　　(How beautiful are the feet of them that preach the gospel of peace! Rom. 10, 15)

§36. 疑問代名詞（どんな種類の）

エ　What kind of a book are you reading?
ド　Was für ein Buch lesen Sie?
オ　Wat voor een boek leest je?
デ　Hvad for en bog læser du? (hvad slags bog?)
ス　Vad för en bok läser du?
ノ　Hva for ei bok leser du?
ア　Hvílíka bók lesur þú?
ゴ　hwileiks "what sort of, wie beschaffen, qualis".
OE. hwilč "what sort of"
ME. whiche "what sort of", whiche they weren, and of what degree (of what kind they were and of what rank, Canterbury Tales, Prologue 40)

§37. 関係代名詞

エ　the book (which) I bought yesterday
　　the house in which he lives; the house he lives in
ド　das Buch, das ich gestern gekauft habe
　　das Haus, in dem er wohnt
オ　het boek dat ik gisteren gekocht heb
　　het huis waarin hij woont
デ　bogen, (som) jeg købte i går
　　huset, (som) han bor i
ス　boken, (som) jag köpte i går
　　huset, (som) han bor i
ノ　boka, (som) jeg kjøpte i går
　　huset, (som) han bor i

ア　bókin, sem ég keypti í gær
　　húsið, sem hann býr í
ゴ　saei seina qēn frijōþ "he who loves his wife"
　　［sa "er", -ei は関係小詞, 代名詞 *i- (lat. is) の locative］
OE. 次の4種の表現があった．(1) se stān, þe þā wyrhtan āwurpon (the stone which the workers threw away) ＝ (2) se stān, þone þe þā wyrhtan āwurpon ＝ (3) se stān, þone þā wyrhtan āwurpon ＝ (4) se stān, þe hine þā wyrhtan āwurpon. (1) の þe は関係小詞で不変化, (2) は þe の前に demonstrative se, sēo, þæt をつけて格を示す, (3) は se, sēo, þæt だけで þe を伴わぬもの, (4) は þe の後に personal pronoun をつけて格を示したものである（市河三喜, 1935）.
ME. 14世紀に疑問代名詞 which (pl. whiche) "who, that, which" が用いられるようになり, フランス語 (lequel) にならって the which も行われた. Crystes tresore, the which is mannes soule to save (T. Mustanoja, A Middle English Syntax, I, p. 198). which は人にも用いられた. Our Father, which art in Heaven.

［注］関係代名詞の由来：(1) 指示代名詞 (that, der, die, das etc.). This is the book. と That I bought yesterday.（それは私が昨日買ったものだ）を結んだもの. 単文＋従属文 ＝ 複文. (2) 疑問代名詞 (who, which ＜ ラテン語の影響, ドイツ語 welcher は今日ほとんど用いられない), (3) ノルド語の som, sem は OE. sum "one, some" と同源. 目的格関係代名詞の省略は英語とノルド語（アイスランド語を除く）.

§38. 関係文 (This is the first time I am in London.)

ド Das ist das erste Mal, dass ich in Berlin bin.
オ Dit is de eerste keer dat ik in Amsterdam ben.
デ Det er første gang, jeg er i København.
ス Det är första gången, jag är i Stockholm.
ノ Det er første gang jeg er i Oslo.
ア Þetta er í fyrsta skipti (sinn), sem ég er í Reykjavík.

§39. be の三基本形と現在人称変化

エ be, was, were, been；I am, you are, he is 以下略.
ド sein [zain], war [vaːr], gewesen [gəˈveːzən]
　 ich bin (I am), du bist (you are), er (sie, es) ist, wir sind (we are), ihr seid (you are), sie sind (they are)
　 Sie sind (you are) 敬称（単数・複数同じ）
　 I have been ＝ ド ich bin gewesen, オ ik ben geweest
オ zijn [zɛin], was, waren, geweest [xəˈveːst]
　 ik ben, jij bent (疑問形 ben je? "are you?"), hij (zij, het) is, wij zijn, jullie zijn, zij zijn, 敬称 u bent/is
デ være, er, var, været；jeg er, du er, han er... 以下同形.
ス vara, är, var, varit；jag är, du är, han är... 以下同形.
ノ være, er, var, været；jeg er, du er, han er... 以下同形.
ア vera, er, var, verið；ég er, þú ert, hann er, við erum, þið eruð, þeir eru
ゴ inf. wisan；im, is, ist；(du.) siju；sijum, sijuþ, sind
OE. inf. wesan, bēon；eom, eart, is, sind, sindon
ME. I am, thou art, hē is, wē (yē, they) bēn [進行形] He is reading ＝ デ han (sitter og) læser. ア hann er að lesa.

§40. I was の人称変化

エ　I was, you were, he was, she was, it was, we were, you were, they were

ド　ich war [vaːr]　　　　　wir waren ['vaːrən]
　　du warst [vaːrst]　　　ihr wart [vaːrt]
　　er war [vaːr]　　　　　sie waren ['vaːrən]
　　sie war [vaːr]　　　　　sie waren
　　es war [vaːr]　　　　　sie waren
　　Sie waren ['vaːrən]　　Sie waren

オ　ik was, jij was, hij (zij, het) was, wij waren, jullie waren, zij waren, 二人称敬称 u was（単複同形）

デ　jeg var, du var, han var...　ス　jag var, du var, han var.

ノ　jeg var, du var... 以下同形．

ア　ég var, þú varst, hann var, við vorum, þið voruð, þeir voru

ゴ　ik was, þu wast, is was...[wēsum, wēsuþ, wēsun]

OE. iċ wæs, þū wǣre, hē wæs, wē (ġē, hīe) wǣron

ME. I was, thou were, hē was, wē (yē, they) were(n)

[注] be は印欧諸語で polythematic（多語根的）である．1個の変化表の中に三個の語根があらわれる．(1) be, been の語根 *bheu- は ai. bhávati "wird", bhūtá- "geworden, seiend", gr. phúō 生じる, phūsis 自然, lat. fuī "bin gewesen", futūrus "sein werdend", got. bauan 住む (nhd. bauen), aksl. byti "werden, sein", bǫdǫ "werde, werde sein", da. bo 住む；(2) am, are, is の語根 *es- は essence, pre-s-ent, ab-s-ent の es-, s- に，(3) was, were の語根 *wes- は got. wisan "sein, dasein", ドイツ語 Wesen（本質）に見える．

§41. have の三基本形と現在人称変化

エ　have, had, had；I have, you have, he has, we have…

ド　haben [´ha:bən], hatte [´hatə], gehabt [gə´ha:pt]
　　ich habe [´ha:bə]　　　　wir haben [´ha:bən]
　　du hast [hast]　　　　　ihr habt [ha:pt]
　　er (sie, es) hat [hat]　　sie haben [´ha:bən]
　　二人称敬称　Sie haben [´ha:bən]（単複同形）

オ　hebben [´hebə], had [hat], hadden [´haddə], gehad
　　ik heb [hep]　　　　　　wij hebben [´hebə]
　　jij hebt [hept]　　　　　jullie [´jœlli] hebben
　　hij (zij, het) heeft　　　zij hebben
　　二人称敬称　u hebt/heeft [he:ft]（単複同形）

デ　have, har, hafde [´ha:ðə], haft；jeg har, du har…

ス　ha, har, hade, haft；jag har, du har, han har…

ノ　ha, har, hadde, hatt；jeg har, du har, han har…

ア　hafa, hafði, haft；ég hef (hefi), þú hefur (hefir), hann
　　hefur (hefir), við höfum, þið hafið, þeir hafa

ゴ　haba, habais, habaiþ, (du. 2) habōs, habam, habaiþ,
　　haband；inf. haban, pret. habaida, pp. habaiþs

OE. hæbbe, hæfst, hæfþ, habbaþ；pret. hæfde；pp. hæfd

ME. I have, thou hast, hē hath, wē (yē, they) hāven, hāve,
　　han；pret. hadde, hāde；pp. had

［現在完了］have (*or* be) ＋過去分詞．He has come. ＝ ア
hann er kominn（いまここにいる）．hann hefur komið（来た
ことがある）．アは hafa と同じくらいに eiga を用いる（ég á,
þú átt, hann á, við eigum, þið eiguð, þeir eiga）．例 ég á bíl
(I have a car), við eigum hús (we have a house).

— 48 —

§42. I had の人称変化

エ I had, you had, he had...

ド ich hatte ['hatə]　　　wir hatten ['hatən]
　 du hattest ['hatəst]　　ihr hattet ['hatət]
　 er hatte　　　　　　　sie hatten
　 es hatte　　　　　　　sie hatten
　 sie hatte　　　　　　　sie hatten
　 二人称敬称 Sie hatten ['hatən]（単複同形）

オ ik had [hat]　　　　　wij hadden ['haddə]
　 jij had　　　　　　　 jullie ['jœli] hadden
　 hij (zij, het) had　　　zij hadden
　 二人称敬称 u had（単複同形）

デ jeg hafde ['ha:ðə], du hafde, han hafde...

ス jag hade, du hade, han hade...

ノ jeg hadde, du hadde, han hadde...

ア ég hafði, þú hafðir, hann hafði,
　 við höfðum, þið höfðuð, þeir höfðu

ゴ habaida, habaidēs, habaida, (du.) habaidēdu, habaidēduts, habaidēdum, habaidēduþ, habaidēdun

OE. hæfde, hæfdest, hæfde, hæfdon

ME. I (thou, hē, wē, yē, they) hadde, hāde

[注] OE は we, ye, they の人称語尾が同じなので，Modern Icelandic のほうがずっと豊富に保たれている．isl. の複数人称 höfðum < *hafðum, höfðuð < *hafðuð, höfðu < *hafðu における ö < a は u-umlaut (Labialisierung) による．現在形の við höfum "we have" < *hafum も同じ．have の意味に eiga もよく用いられる．変化と用例は p. 48

§43. go の三基本形と現在人称変化

エ go, went, gone；[went は wend (one's way) の過去]
  I go, you go, he goes, she goes, it goes, we go...

ド gehen ['ge:ən], ging [giŋ], gegangen [gə'gaŋən]
  ich gehe ['ge:ə]　　　　　wir gehen ['ge:ən]
  du gehst [ge:st]　　　　　ihr geht [iɐ ge:t]
  er (sie, es) geht [ge:t]　sie gehen
  二人称敬称　Sie gehen ['ge:ən]（単複同形）

オ gaan [xa:n], ging [xiŋ], gingen ['xiŋə], gegaan
  ik ga　　　　　　　　　　wij gaan
  jij gaat　　　　　　　　　jullie ['jœli] gaan
  hij (zij, het) gaat　　　　zij gaan
  二人称敬称　u gaat（単複同形）

デ gå, gik, gået；jeg går, du går, han går...（行く，歩く）
ス gå, gick, gått；jag går, du går, han går...（同上）
ノ gå, gikk, gått；jeg går, du går, han går...（同上）
ア ganga, geng, gekk, gengum, gengið
  ég geng　　　　　　　　　við göngum
  þú gengur　　　　　　　　þið gangið
  hann (hún, það) gengur　þeir ganga

「行く」は fara が普通：ég fer, þú ferð, hann fer, við förum, þið farið, þeir fara. "Let's go" förum；"he has gone to Reykjavik" = hann er farinn til Reykjavíkur.

ゴ gaggan ['gaŋgan], pret. gaggida [-ŋg-] (Luc.), iddja
  gaggiþ faírra mis（私から去れ, Mat. 25, 41）

OE. gān, pret. ēode, pp. gegān；pres. gā, gǣst, gǣþ, gāþ
ME. inf. go(n), pres. go, gost, goth, go(n), pret. wente, yēde

§44. I went の人称変化

エ　I went, you went...
　　[went は wend (one's way "go one's way) の過去, cf. ド wenden. Scotland 方言に過去形 gaed がある．as he gaed up the kirk 彼が教会に登って行くと，Alexander Gray, "Agnete and the Merman"（1954）]

ド　ich ging　　　　　　　　wir gingen
　　du gingst　　　　　　　 ihr gingt
　　er ging　　　　　　　　sie gingen
　　二人称敬称　　　　　　 Sie gingen（単複同形）

オ　ik ging　　　　　　　　 wij gingen
　　jij ging　　　　　　　　jullie gingen
　　hij ging　　　　　　　　zij gingen
　　二人称敬称　u ging（単複同形）

デ　jeg gik, du gik, han gik...
ス　jag gick, du gick, han gick...
ノ　jeg gikk, du gikk, han gikk...
ア　ég gekk [kjehk]　　　　　við gengum [ˈkjeiŋɣm]
　　þú gekkst　　　　　　　　þið genguð [ˈkjeiŋɣð]
　　hann (hún, það) gekk　　　þeir gengu [ˈkjeiŋɣ]
ゴ　gaggida [-ŋg-]（Luc 19, 12 のみ，それ以外は iddja）

OE. ēode [got. iddja, lat. eō, aksl. id-ti "gehen"]
ME. wente, yēde

[注] デンマーク語の過去 gik の経た音声変化：ゲルマン祖語 *ging（ドイツ語と同じ）> gink（語末子音無声化）> gikk 同化 (assimilation) > gik（語末子音単純化）．類例：*thank（感謝）> ア þakk, ノ takk, ス tack, デ tak

§45. come の三基本形と現在人称変化

[印欧語根 *gwem- "to come" はゴート語 qiman によく保たれる；gr. baínō, anábasis, lat. veniō]

エ　come, came, come ; I come, you come, he comes...

ド　kommen, kam, gekommen ;
　　ich komme　　　　　wir kommen
　　du kommst　　　　　ihr kommt
　　er kommt　　　　　　sie kommen
　　二人称敬称　Sie kommen（単複同形）

オ　komen, kwam, kwamen, gekomen ;
　　ik kom　　　　　　　wij komen
　　jij komt　　　　　　 jullie komen
　　hij komt　　　　　　 zij komen
　　二人称敬称　u komt（単複同形）

デ　komme, kom, kommet ;
　　jeg kommer, du kommer...

ス　komma, kom, kommit ;
　　jag kommer, du kommer...

ノ　komme, kom, kommet ; jeg kommer, du kommer...

ア　koma, kom, komum, komið ;
　　ég kem　　　　　　　við komum
　　þú kemur　　　　　　þið komið
　　hann (hún, það) kemur　　þeir koma

ゴ　qiman, qam, qēmum, qumans ;
　　qima, qimis, qimiþ...

OE. cuman, cymþ, cōm, cōmon, cumen

ME. come, cam, cōm (pl. cāmen), comen

§46. I came の人称変化

エ　I came, you came, he came...

ド　ich kam [kaːm]　　　　　wir kamen [ˈkaːmən]
　　du kamst [kaːmst]　　　ihr kamt [kaːmt]
　　er (sie, es) kam　　　　sie kamen
　　二人称敬称　Sie kamen [ˈkaːmən]（単複同形）

オ　ik kwam　　　　　　　　wij kwamen
　　jij kwam, u kwam　　　　jullie kwamen,
　　ij (zij, het) kwam　　　　zij kwamen
　　二人称敬称　u kwam（単複同形）

デ　jeg kom, du kom...

ス　jag kom, du kom...

ノ　jeg kom, du kom...

ア　ég kom　　　　　　　　við komum
　　þú komst　　　　　　　þið komuð
　　hann (hún, það) kom　　þeir komu

ゴ　qam　　　　　　　　　　qēmum
　　qamt　　　　　　　　　 qēmuþ
　　qam　　　　　　　　　　qēmun

OE.　cōm　　　　　　　　　cōmon
　　cōme　　　　　　　　　cōmon
　　cōm　　　　　　　　　　cōmon

ME.　cam, cōme, cam
　　pl. cāmen, cōme, cōmen

[注] ラテン語 veniō（完了 vēnī）の語頭の v-<*gw- はゴート語 qiman, 過去 qam に保たれ, 現代語のうちではオランダ語の過去 kwam, kwamen によく保たれる．

§47. live（生きる）の三基本形と現在人称変化

英語の live はドイツ語 leben と wohnen（§48 を含む）．

エ live, lived, lived ; I live, you live, he lives, we live...

ド leben ['le:bən], lebte ['le:ptə], gelebt [gə'le:pt]
　　ich lebe ['le:bə]　　　wir leben ['le:bən]
　　du lebst [le:pst]　　　ihr lebt [le:pt]
　　er (sie, es) lebt [le:pt]　sie leben ['le:bən]
　　二人称敬称　Sie leben（単複同形）

オ leven ['le:fə], leefde ['le:fdə], geleefd [xə'le:ft]
　　ik leef [le:f]　　　wij leven ['le:fə]
　　jij leeft [le:ft]　　jullie leven
　　hij (zij, het) leeft　zij leven
　　二人称敬称　u leeft（単複同形）

デ leve ['le:və], levede ['le:vəðə], levet ['le:vəð]
　　jeg lever [ja 'le:v'ɪ], 以下同形．

ス leva [`le:va], levde [`le:vdə], levat [`le:vat]
　　jag lever ['le:vər], 以下同形．

ノ leve [`le:və], levde [`le:vdə], levd [le:vd]
　　jeg lever [jæ 'le:vər], 以下同形．

ア lifa ['li:va], lifði ['livði], lifað ['li:vað]
　　ég lifi　　　　við lifum
　　þú lifir　　　 þið lifið
　　hann lifir　　 þeir lifa

ゴ liban ['livan] (w. 3), libaida ['livaiða]
　　jah libaiþ (and she shall live, Mat. 9, 18)

OE. libban, lifde/leofode, lifd/leofod

ME. liven, livede, y-lived

§48. I live in Tokyo（住む）の人称変化

エ　I live, you live, he (she, it) lives, we live...

ド　wohnen [ˈvoːnən], wohnte [ˈvoːntə], gewohnt [gəˈvoːnt]
　　ich wohne in Tokyo　　　wir wohnen...
　　du wohnst...　　　　　　ihr wohnt...
　　er (sie, es) wohnt...　　sie wohnen...
　　二人称敬称　Sie wohnen（単複同形）

オ　wonen, woonde, gewoond
　　ik woon [voːn]　　　　　wij wonen [ˈvoːnə]
　　jij woont [voːnt]　　　　jullie wonen
　　hij (zij, het) woont　　　zij wonen
　　二人称敬称　u woont [voːnt]（単複同形）

デ　bo [boːʾ], boede [ˈboːəðə], boet [ˈboːəð]
　　jeg bor [jæˈboːʾɹ], 以下同形．

ス　bo [buː], bodde [ˋbuːddə], bott [buːtt]
　　jag bor [buːr], 以下同形．

ノ　bo [buː], bodde [ˋbuddə], bodd [budd]
　　jeg bor [jæ buːr], 以下同形．

ア　búa [ˈpuːa], bjó [pjou], bjuggum [ˈpjʏukkʏm], búið
　　ég bý́, þú bý́r, hann bý́r,
　　við búum, þið búið, þeir búa

ゴ　bauan [ˈbɔːan], bauaida [ˈbɔːaiða]
　　baua in im (I live among them, 2C 6, 16)

OE. wunian, wunode, wunod. Hengest wunode mid Finne
　　(H lived with Finn, Beowulf, 1128)

ME. wonen, wonede, woned (he woneth wyth hem oft,
　　Langland, he often lives with them)

§49. eat の三基本形と現在人称変化

エ　eat, ate, eaten ; I eat, you eat, he eats, we eat...

ド　essen ['ɛsən], ass [a:s], gegessen [gə'gɛsən]
　　ich esse ['ɛsə]　　　　wir essen ['ɛsən]
　　du isst [ist]　　　　　ihr esst [ɛst]
　　er (sie, es) isst [ist]　　sie essen ['ɛsən]
　　二人称敬称　Sie essen (単複同形)

ドイツ語の強変化動詞の現在は，単数2人称と3人称で母音が変わる (Umlaut) ものが多い．fahren ['fa:rən] 行く(乗り物で) → ich fahre (I go), du fährst (you go), er fährt (he goes). er ist (he is) と er isst (he eats) は同じ発音．

オ　eten ['e:tə], at [at], aten ['a:tə], gegeten [xə'xe:tə]
　　ik eet [e:t]　　　　　wij eten ['e:tə]
　　jij eet [e:t]　　　　　jullie eten
　　hij (zij, het) eet　　zij eten　　二人称敬称　u eet

デ　spise, spiste, spist ; jeg spiser [jæ sbi:'sɹ], 以下同形．

ス　äta [`ä:ta], åt, ätit ; jag äter ['ä:tər], 以下同形．

ノ　spise [`spi:sə], spiste, spist ; jeg spiser [jæ 'spi:sər]..

ア　borða, borðaði, borðað ; [< borð 食卓, cf. room and board]
　　ég borða, þú borðar, hann borðar,
　　við borðum, þið borðið, þeir borða

ゴ　itan, *et, ētum. itans [*et, nach an. át, ae. æt, ahd. āz, lat. ēdī, Stamm-Heynes Wulfilas, 1920 §107, Anm. 1]
　　ētun jah drugkun (they ate and drank, L 17, 27-28)

OE. etan, æt, æton, eten

ME. ete, et, eet/ete, eten

[注] デ æde, ノ ete, ア éta は動物が食べる場合に用いる．

§50. drink の三基本形と現在人称変化

エ　drink, drank, drunk

ド　trinken [ˈtriŋkən], trank [traŋk], getrunken [gəˈtruŋkən]
　　ich trinke, du trinkst, er (sie, es) trinkt, wir trinken, ihr trinkt, sie trinken, Sie trinken

オ　drinken, dronk, dronken, gedronken
　　ik drink, jij drinkt, u drinkt, hij (zij, het) drinkt, wij drinken, jullie drinken, u drinkt, zij drinken

デ　drikke [ˈdregə], drak [drag], drukket [ˈdrogəð]
　　jeg drikker [jæ ˈdreˈgɪ], 以下同形 [kk ＜ nk の同化]

ス　dricka [ˋdrikka], drack, druckit [ˈdrukkit]
　　jag dricker [ˈdrikkər], 以下同形 [kk ＜ nk の同化]

ノ　drikke, drakk, drukket
　　jeg drikker [ˈdrikkər], 以下同形 [kk ＜ nk の同化]

ア　drekka [ˈtrehka], drakk, drukkum, drukkið
　　ég drekk, þú drekkur, hann drekkur
　　við drekkum, þið drekkið, þeir drekka

ゴ　drigkan, dragk, drugkum, drugkans (gk [ŋk])
　　hwa drigkam? (what shall we drink? Mat. 6, 31)

OE.　drincan, dranc, druncon, druncen
　　drince, drincst, drincþ, drincaþ, drincaþ, drincaþ
　　hē ne drincþ wīn ne bēor (he drinks neither wine nor beer, Luc. 1, 15)

ME.　drynke, drank/dronk, y-dronke ;
　　in olde tyme women dranke no wyn (in old times women drank no wine, Caxton)

［注］eat は印欧語的だが，drink はゲルマン語特有の単語．

§51. can と must

エ 1.I can come, 2.you must go, 3.we must work today.

ド 1.ich kann kommen, 2.du mußt gehen, 3. wir müssen heute arbeiten. arbeiten は Arbeit ['arbait] (仕事) から作られた動詞 (denominative verbs). 英語は I can English とは言わず, I can speak English とせねばならないが, ドイツ語は ich kann Deutsch, デンマーク語 jeg kan dansk, アイスランド語も ég kann íslensku と言う. オランダ語は ik ken Nederlands, ik kan Nederlands spreken (schrijven).

オ 1.ik kan komen, 2.jij moet gaan, 3.wij moeten vandaag werken.「働く」が英語・オランダ語は同源 (cf. ergon, energeia, *werg- "to do").

デ 1.jeg kan komme, 2.du må (skal) gå, 3.vi må arbejde ['a:bai'də] i dag. [arbeide は低地ドイツ語からハンザ同盟時代 (13・14世紀) に北欧三国に入った]

ス 1.jag kan komma [`kɔmma], 2.du måste (skall) gå, 3.vi måste arbeta [`arbe:ta] i dag.

ノ 1.jeg kan komme [`kɔmmə], 2.du må (skal) gå, 3.vi må arbeide [ar`baidə] i dag.

ア 1.ég get komið, 2.þú verður að fara, 3.við verðum að vinna í dag. アイスランド語の can は geta+過去分詞の中性形. must は verða að+不定詞.

ゴ 1.ik mag [qiman], 2.þū skalt [qiman], 3.weis skulum [arbaidjan himma daga]

OE. 1.iċ mæġ cuman, 2.þū scealt cuman, 3.wē sculon...

ME. 1.ich can (mōt) come, 2.þū shalt come, 3.wē shulen...

§52. 数詞 (1–10)

エ one, two, three, four, five, six, seven, eight, nine, ten

ド 1.eins, 2.zwei, 3.drei, 4.vier [fiːɐ], 5.fünf, 6.sechs [zɛks], 7.sieben, 8.acht, 9.neun, 10.zehn,

オ 1.een, 2.twee, 3.drie, 4.veer [feːr], 5.vijf [fɛif], 6.zes, 7.zeven [ˈzeːfə], 8.acht [axt], 9.negen [ˈneːxə], 10.tien [tiːn]

デ 1.en, et, 2.to, 3.tre, 4.fire, 5.fem, 6.sex, 7.syv, 8.otte, 9.ni, 10.ti

ス 1.en, ett, 2.to, 3.tre, 4.fyra, 5.fem, 6.seks, 7.sju, 8.åtta, 9.nio, 10.tio

ノ 1.en, et, 2.to, 3.tre, 4.fire, 5.fem, 6.seks, 7.sju, 8.åtte, 9.ni, 10.ti

ア 1.einn (ein, eitt), 2.tveir (tvær, tvö), 3.þrír (þrjár, þrjú), 4.fjórir (fjórar, fjögur), 5.fimm, 6.sex, 7.sjö, 8.átta, 9.níu, 10.tíu

ゴ 1.ains, aina (f), ain, ainata (n), 2.twai (m), twōs (f), twa (n), 3.þreis (m. f), þrija (n), 4.fidwōr, 5.fimf, 6.saíhs [sɛçs], 7.sibun, 8.ahtau, 9.niun, 10.taíhun [ˈtɛhun]

OE. 1.ān, 2.twā, 3.þrēo, 4.fēower, 5.fīf, 6.siex, 7.seofon, 8.eahta, 9.nigon, 10.tīen

ME. 1.on, o, 2.twō, tweye, tweyne, 3.thrē, 4.fōure, 5.fyf, fyve, 6.six, sixe, 7.sevene, 8.eighte, 9.nyne, 10.ten

[注] 次項の 11 eleven, 12 twelve = one left（一つあまり）, two left（二つあまり）の表現はゲルマン諸語に共通で、ゴート語 ainlif, twalif の lif はギ leípō（残る）と同根．

§ 52'. 数詞 (11-20)

エ eleven, twelve, thirteen, fourteen, fifteen, sixteen, seventeen, eighteen, nineteen, twenty

ド 11.elf, 12.zwölf, 13.dreizehn, 14.vierzehn [ˈfiɹ-], 15.fünfzehn, 16.sechzehn [ˈzɛç-], 17.siebzehn, 18.achtzehn [ˈaxtseːn], 19.neunzehn, 20.zwanzig

オ 11.elf [ˈɛləf], 12.twaalf, 13.dertien [ˈdɛrtiːn], 14.veertien, 15.vijftien, 16.zestien, 17.zeventien, 18.achttien, 19. negentien, 20.twintig [ˈtwintəx]

デ 11.elleve [ˈɛlvə], 12.tolv [tɔlˈ], 13.tretten, 14.fjorten, 15.femten, 16.seksten [ˈsaisdən], 17.sytten [ˈsødn], 18.atten, 19.nitten, 20.tyve [ˈtyːvə]

ス 11.elva, 12.tolv, 13.tretton, 14.fjorton, 15.femton, 16.sexton, 17.sjutton, 18.aderton, 19.nitton, 20.tjugo

ノ 11.elleve, 12.tolv, 13.tretten, 14. fjorten, 15.femten, 16.seksten [ˈsaistən], 17.sytten, 18.atten, 19.nitten, 20.tjue

ア 11.ellefu, 12.tólf, 13.þrettán, 14.fjórtán, 15.fimmtán, 16.sextán, 17.sautján, seytján, 18.átján, 19.nítján, 20.tuttugu

ゴ 11.ainlif, 12.twalif, 14.fidwōrtaíhun, 15.fimftaíhun, 20.twai tigjus

OE. 11.en(d)leofon, 12.twelf, 13.þrēo-tīene, 19.nigon-tīene, 20.twentiġ

ME. 11.elevene, 12.twelf, twelve, 13.threttēne, 14.fōurtēne, 15.fiftēne, 16.sixtēne, 17.seventēne, 18.eigh(te)tēne, 19.nynetēne, 20.twenty

§ 52'. 数詞 (21-22)

エ twenty-one, twenty-two
ド einundzwanzig, zweiundzwanzig
オ een en twintig ['twintəx], twee en twintig
デ enogtyve ['e : 'n ɔ 'ty : və], toogtyve ['to : ɔ 'ty : və]
ス tjugoen (tjugoett), tjugotvå
ノ tjue en (tjue ett), tjue to
ア tuttugu og einn, tuttugu og tveir
OE. ān and twentiġ, twā and twentiġ
ME. oon and twenty, 24. fōure and twenty
[注] one and twenty 式の順序は Shakespeare にもあるが, Daniel Defoe の Robinson Crusoe (1719) に six and twenty years, four and twentieth year などの例がある.

§ 52'. 数詞 (30-90, 99)

エ thirty, forty, fifty, sixty, seventy, eighty, ninety
ド dreißig, vierzig ['fiɹtsiç], fünfzig, sechzig, siebzig ['zi : ptsiç], achtzig ['axtsiç], neunzig
オ dertig ['dɛrtəx], veertig, vijftig, zestig, zeventig, tachtig, negentig
デ tredive ['trɛðvə], fyrre ['fø̞ɹ :], halvtres [hal'trɛs], tres [trɛs], halvfjerds [hal'fjɛɹs], firs [fi : 'ɹs], halvfems [hal'fɛms]
[注] 50 の長形 halvtredsindstyve は halvtred (half three, 2.5) の sind(倍) の 20 = 50 の意味. 60 = 20 の 3 倍, 70 = 3.5 × 20, 80 = 20 の 4 倍, 90 = 20 の 4.5 倍. 二十進法 (vigesimal system) は紀元前 1900 年ごろヨーロッパに侵入した鐘形杯民

族 (Glockenbecherleute, Beaker Folk, アルメノイド系) が居住した地域に残る (Julius Pokorny). デンマーク語, ケルト諸語, バスク語, コーカサス諸語, 部分的にフランス語 (80 = quatre-vingts キャトル・ヴァン = 4×20) に見られる.

ス trettio, fyrtio, femtio, sextio, sjuttio, åttio, nittio
ノ tretti, førti, femti, seksti, sytti, åtti, nitti
ア þrjátíu, fjörtíu, fimmtíu, sextíu, sjötíu, áttatíu, ní(u)tíu.
ゴ 30.þreis tigjus, 40.fidwōr tigjus, 50.fimf tigjus, 60.saíhs tigjus, 70.sibuntēhund, 80.ahtautēhund, 90.niuntēhund.
OE. 30.þrītiġ, 40.fēowertiġ, 50.fīftiġ, 60.siextiġ, 70.hundseofontiġ, 80.hundeahtatiġ, 90.hundnigontiġ

数詞 (99) エ ninety-nine　　ス nittionio
ド neunundneunzig　　ノ nitti ni
オ negenennegentig　　ア ní(u)tíu og níu
デ nioghalvfems　　ゴ *niuntēhund jah niun
　　　　　　　　　　　cf. Luc. 15, 7

§52'. 数詞 (100, 200)

エ hundred, two hundred
ド hundert, zweihundert
オ honderd, tweehonderd　　デ hundrede, to hundrede
ス hundra, två hundra　　ノ hundre, to hundre
ア hundrað, tvö hundruð [Old Norse の hundrað は great hundred すなわち 120 を意味した. tvau hundruð は 240]
ゴ taíhuntēhund or taíhuntaíhund ; twa hunda
OE. (100) hund, hundred, hundtēontiġ (ġ [j])
ME. (100) hondred, hundred, hundreth

§52'. 数詞 (1000, 2000)

エ thousand, two thousand
ド tausend, zweitausend
オ duizend, tweeduizend
デ tusind, to tusinde
ス tusen, två tusen
ノ tusen, to tusen
ア þúsund, tvö þúsund
[古アイスランド語 þúsund = 1200, tvær þúsundir = 2400]
ゴ þūsundi (jō-, f.), twō þūsundjōs
OE. þūsend
ME. þōusent, thousand

§53. 数詞と格 (numeral and case)

　ラテン語 duo mīlia passuum (二千歩, 二マイル) のような場合, 名詞は複数属格に置かれる. これは数詞を名詞と見るためである. ゲルマン語でこの伝統が残っているのはゴート語, 古代ノルド語, Old English などである. ゴ fimf tigjus jērē 50 年, 古ノ þrír tigir manna 30 人の男. 単数形 tigus, tigr はギリシア語 dekás "decade, Zehnheit" にあたる. átta vetra gamall "eight winters old", 8冬, 8歳, (OE) eahta hund mīla 800 マイル, fēower þūsend wera 四千人の男. ロシア語では数詞 2, 3, 4 とともに用いる名詞は単数属格 (dve knigi 二冊の本) に, 5以上の数詞の場合は複数属格 (pjat' knig 五冊の本, mnogo knig たくさんの本) に置かれる. 英語の a lot of, フランス語 trois millions d'habitants (人口 300 万) なども参照.

§54. 序数 (ordinal numbers)

エ first, second, third, fourth, fifth, sixth, seventh, eighth, ninth, tenth 以下略.

ド erste, zweite, dritte, vierte, fünfte, sechste, siebte, achte, neunte, zehnte (20 以後 -ste)

オ eerste, tweede, derde, vierde, fijfde, zesde, zevende, achtste, negende, tiende (20 以後 -ste)

デ første, anden (andet), tredje, fjerde, femte, sjette, syvende, ottende, niende, tiende

ス förste (första), andre (andra), tredje, fjärde, femte, sjätte, sjunde, åttonde, nionde, tionde

ノ første, annen (andre), tredje, fjerde, femte, sjette, sjuende, åttende, niende, tiende

ア fyrsti (fyrsta), annar (önnur, annað), þriðji (þriðja), fjórði (fjórða), fimmti (-ta), sjötti (sétti, -a), sjöundi, áttundi, tíundi

ゴ 1.fruma "prior", frumists "primus", 2.anþar, 3.þridja, 5.fimfta, 6.saíhsta, 8.ahtuda, 9.niunda, 10.taíhunda

OE. forma, ōþer, þridda, fēorþa, fīfta, siexta, seofoþa, eahtoþa, nigonþa, tēoþa

ME. 1.firste, ferst, fürst, fryst, forme, 2.ōþer, secounde, 3.thridde, thyrde, 4.ferthe, 5.fifte, 6.sixte, sexte, 7.seveþe, 8.eġteþe, 9.nente, 10.tēġþe, tiþe

[注] first の -st は最上級語尾. fir- はラ prae (前に) と同根で, 一番前の意味. second ＜ ラ secundus 次に来るべき (＜ sequor 従う). other (ド ander) は本来のゲルマン語. -th はラテン語 quār-tus, quīn-tus, sex-tus と同根.

以下ジャンル別に単語を見てみる（§55-190）．

§55．食事（1．朝食，2．昼食，3．晩餐，4．夕食）

エ 1.breakfast（断食中止），2.lunch, 3.dinner [*dis-junāre 断食中止], 4.supper (soupと同源)
ド 1.Frühstück（早朝一片），2.3.Mittagessen, 4.Abendessen
オ 1.ontbijt ['ɔntbɛit]（ひとかじり），2.middageten, 3.avondeten, 4.avondeten
デ 1.morgenmad, 2.middagsmad, 3.middag, 4.aftensmad
ス 1.frukost, 2.lunch, 3.middag, 4.kvällsmat
ノ 1.frokost, 2.lunj, 3.middag, 4.aftensmat
ア 1.morgenmatur, 2.miðdegisverður, 3.kvöldverður, 4.kvöldmatur [matur "food", verður "meal"]
ゴ 3.undaurnimats（昼の食事），4.nahtamats（夜の食事）
OE. 1.morgenmete, 3.undernmete, 4.æfenmete
ME. 1.brekfast, 3.diner, 4.soper

§56．食品（パン，バター，チーズ，ソーセージ，ミルク）

エ 1.bread, 2.butter, 3.cheese, 4.sausage, 5.milk
ド 1.Brot, 2.Butter, 3.Käse, 4.Wurst, 5.Milch
オ 1.brood, 2.boter, 3.kaas, 4.worst, 5.melk ['mɛlək]
デ 1.brød, 2.smør [cf. smear], 3.ost, 4.pølse, 5.mælk
ス 1.bröd, 2.smör, 3.ost, 4.korv（曲がった物），5.mjölk
ノ 1.brød, 2.smør, 3.ost, 4.pølse, 5.melk
ア 1.brauð, 2.smjör, 3.ostur, 4.pylsa, bjúga, 5.mjólk
ゴ 1.hlaifs, 5.miluks.　OE. 1.hlāf, 2.butere, 3.cīese, cēse, 5.meolc.　ME. 1.brede, 2.butere, 3.chese, 4.sausige, 5.melk
[注] a loaf of bread（パン一斤）のloafは古形（ゴ hlaifs）．

§57. 食品 (お米, 魚, 肉, 牛肉, 塩, 砂糖)

エ 1.rice, 2.fish, 3.meat, 4.beef, 5.salt, 6.sugar
ド 1.Reis, 2.Fisch, 3.Fleisch, 4.Rindfleisch, 5.Salz, 6.Zucker
オ 1.rijst, 2.vis, 3.vlees, 4.rundvlees, 5.zout, 6.suiker
デ 1.ris, 2.fisk, 3.kød, 4.oksekød, 5.salt, 6.sukker
ス 1.ris, 2.fisk, 3.kött, 4.oxkött, 5.salt, 6.socker
ノ 1.ris, 2.fisk, 3.kjött, 4.oksekjött, 5.salt, 6.sukker
ア 1.hrís, 2.fiskur, 3.kjöt, 4.nautakjöt, 5.salt, 6.sykur
ゴ 2.fisks, 3.mimz (acc.), 5.salt.
OE. 2.fisc, 3.flæsc, 4.hrīþeren flæsc, 5.sealt
ME. 1.rys, 2.fish, 3.fleshe, 4.boef, 5.salt, 6.sucere, sugure

[注] rice は東洋からギリシア語 óruza (オリュザ) を経てヨーロッパへ, sugar 印欧祖語にはなく, インドからギ sákkhari (cf. saccharin) を経てヨーロッパに入った.

§58. 食品 (タマゴ, 料理する, 焼く, 煮る)

エ 1.egg, 2.cook, 3.roast, 4.boil
ド 1.Ei, 2.kochen, 3.braten, 4.kochen
オ 1.ei [εi], 2.koken, 3.braden, bakken, 4.koken
デ 1.æg [ε:'g], 2.koge, 3.stege ['sdaiə], 4.koge
ス 1.ägg, 2.koka, 3.steka(s), 4.koka
ノ 1.egg, 2.koke, 3.steke, steike, 4.koke
ア 1.egg, 2.sjóða, 3.steikja, 4.sjóða
ゴ 1.ada (Crimean Gothic)
OE. 1.æg, 2.gegearwian, 3.brædan, 4.sēoþan
ME. 1.ey, egg, 2.coke, 3.roste, frye, 4.sethe, boile

[注] egg, fish, nut は数少ない印欧語時代からの食物.

§59. 動詞（食べる，飲む，与える，感謝する）

エ 1. eat, 2. drink, 3. give, 4. thank
　　［eat は印欧語共通だが，drink はゲルマン語特有］
ド 1. essen, 2. trinken, 3. geben, 4. danken
オ 1. eten, 2. drinken, 3. geven ['xe:fə], 4. danken
デ 1. spise, 2. drikke, 3. give, 4. takke
ス 1. äta, 2. dricka, 3. giva, 4. tacka
ノ 1. spise, 2. drikke, 3. gi, 4. takke
ア 1. borða, 2. drekka, 3. gefa, 4. þakka ['θahka]
ゴ 1. matjan, itan, 2. drigkan, 3. giban, 4. awiliudōn
OE. 1. etan, 2. drincan, 3. giefan, 4. þancian
ME. 1. ete, 2. drinke, 3. give, 4. thanke

§60. 飲物（水，お茶，コーヒー，ワイン，ビール）

エ 1. water, 2. tea, 3. coffee, 4. wine, 5. beer
ド 1. Wasser, 2. Tee, 3. Kaffee, 4. Wein, 5. Bier
オ 1. water, 2. thee, 3. koffie, 4. wijn, 5. bier
デ 1. vand, 2. te, 3. kaffe, 4. vin, 5. øl
ス 1. vatten, 2. te, 3. kaffe, 4. vin, 5. öl
ノ 1. vann, 2. te, 3. kaffe, 4. vin, 5. øl
ア 1. vatn [vahtn], 2. te, 3. kaffi, 4. vín, 5. öl, bjórr
ゴ 1. watō, 4. wein [wi:n]（i: はラ vīnum の発音を伝える）
OE. 1. wæter, 4. wīn, 5. bēor, ealu（注参照）
ME. 1. water, 4. wine, 5. bere, ale

［注］water は印欧語的，tea は中国起源，coffee はアラビア語，wine はギリシア語起源，beer はラテン語で「飲み物」が原義．bjórr は神の言葉，ǫl は人間の言葉とエッダにある．トルコ語ではワインを şarap（シャラプ, cf. syrup）という．

§61. 野菜（キャベツ，サラダ，ポテト，トマト）

エ 1. vegetable, 2. cabbage, 3. salad, 4. potato, 5. tomato
ド 1. Gemüse, 2. Kohl, 3. Salat, 4. Kartoffel, 5. Tomate
オ 1. groente ['xruntə], 2. kool, 3. sla, 4. aardappel（大地のリンゴ，フ pomme de terre を訳した), 5. tomat
デ 1. grønsager, 2. kål, 3. salat, 4. kartoffel, 5. tomat
ス 1. grönsaker, 2. kål, 3. sallad, 4. potatis, 5. tomat
ノ 1. grønnsaker, 2. kål, 3. salat, 4. potet, 5. tomat
ア 1. grænmeti, 2. kál, 3. salat, 4. kartafla, 5. tómat

[注] vegetable はラテン語で「元気づけるもの」, cabbage はフ caboche, ラ caput "head" より. salad ＜ ラ salātus ＜ sal 塩. potato も tomato もスペイン人がメキシコから伝えた.

§62. 野菜（キュウリ，ニンジン，カリフラワー，タマネギ）

エ 1. cucumber, 2. carrot, 3. cauliflower, 4. onion
ド 1. Gurke（＜ 中世ギリシア ágouros), 2. Mohrrübe（ムーア人のカブ), 3. Blumenkohl（花キャベツ), 4. Zwiebel（ラ caepa を cibolla として借用，ci を zwei と解釈した)
オ 1. komkommer, 2. wortel（小さな根), 3. bloemkool, 4. ui
デ 1. agurka, 2. gulerod（黄色い根), 3. blomkål, 4. løg [lɔi]
ス 1. gurka, 2. morot（低ド morwortel, mor = ド Mohr ムーア人), 3. blomkål, 4. lök
ノ 1. gurka, 2. gulrot, 3. blomkål, 4. løk
ア 1. agurka, 2. gulrót, 3. blómkál, 4. laukur
OE. 4. cīpe, ynnelēac
ME. 4. unyon.

[注] cauliflower の cauli- はラ「茎」（フ chou キャベツ）

§63. 野菜（ホウレンソウ，マメ，エンドウマメ，ニンニク）

エ　1.spinach, 2.bean, 3.pea, 4.garlic (gar 槍, lic = leek)
ド　1.Spinat, 2.Bohne, 3.Erbse, 4.Knoblauch (knob 割り木)
オ　1.spinazie, 2.boon, 3.erwt, 4.knoflook (knof 棒)
デ　1.spinat, 2.bønne, 3.ært, 4.hvidløg（白いタマネギ）
ス　1.spenat, 2.böna, 3.ärt, 4.vitlök
ノ　1.spinat, 2.bønne, 3.ert, 4.hvitløk
ア　1.spínat, 2.baun, 3.ertur, 4.hvítlaukur
OE. 2.bēan, 3.pise, ME.2.bene, 3.pese

[注] spinach はペルシア起源だが，ラテン語 spīna トゲ，と連想される．pea はもと pease であったが，これを複数形と考えたため -se が削除された．

§64. 果物（リンゴ，オレンジ，ナシ，桃）

エ　1.fruit, 2.apple, 3.orange, 4.pear, 5.peach
ド　1.Obst, 2.Apfel, 3.Apfelsine, 4.Birne, 5.Pfirsich
オ　1.vrucht, 2.appel, 3.sinaappel, 4.peer, 5.perzik
デ　1.frugt [frogd], 2.æble, 3.appelsin, 4.pære, 5.fersken
ス　1.frukt, 2.äpple, 3.apelsin, 4.päron, 5.persika
ノ　1.frukt, 2.eple, 3.appelsin, 4.pære, 5.fersken
ア　1.ávextir (pl.), 2.epli, 3.appelsína, 4.pera, 5.ferskja
ゴ　2.apel　　OE.1.ofet, 2.æppel, 4.pere, peru, 5.persoc,
ME. 1.frut, 2.appel, 4.pere, 5.peche

[注] cf. The tree is known by its fruit. 木はその実により知られる．ド Obst < ob-s-t 原義は食事の添え物，語根 *es- 食べる．orange はアラビア語 nāranj より．Apfelsine はシナのリンゴ．peach は persica (mala) ペルシアのリンゴ．

§65. 果物（メロン，ブドウ，イチゴ，イチジク）

エ 1.melon, 2.grape, 3.strawberry, 4.fig（ラテン語 ficus）
ド 1.Melone, 2.Weinbeere, 3.Erdbeere, 4.Feige
オ 1.meloen [mə'lu:n], 2.druif, 3.aardbei, 4.vijg [fɛix]
デ 1.melon, 2.(vin)drue, 3.jordbær ['jo:'bɛ:ɹ], 4.figen
ス 1.melon, 2.vindruva, 3.jordgubbe（gubbe 老人）, 4.fikon
ノ 1.melon, 2.drue, 3.jordbær 4.fiken
ア 1.melóna, 2.vínber, 3.jarðarber, 4.fíkja
ゴ 2.weina-basi（basi = berry）, 4.smakka
OE. 2.wīnber(i)ge, 3.eorþber(i)ge, 4.fīc
ME. 2.grape, 3.erthebery, 4.figge

[注] melon < ラ mēlō, mēlōnis < ギ mêlon リンゴ．strawberry イチゴを傷つけないようにワラを敷いたことから．

§66. 農業，畑，種，収穫

エ 1.agriculture, 2.field, 3.seed, 4.harvest
ド 1.Landwirtschaft, 2.Acker, 3.Same, 4.Ernte
オ 1.landbouw, 2.akker, 3.zaad, 4.oogst
デ 1.landbrug, 2.mark, 3.sæd, 4.høst
ス 1.jordbruk, 2.åker, 3.säd, 4.skörd [ʃö:d]
ノ 1.landbruk, 2.åker, 3.sæd, 4.høst, avl
ア 1.landbúnaður, 2.akur, 3.sæði, 4.uppskera
ゴ 2.akrs, 3.fraiw, 4.asans
OE. 2.æcer, 3.sæd, 4.wæstm, rīp
ME. 2.aker, feeld, 3.sede, 4.crop, ripe

[注] agriculture < ラテン語 agrī cultūra 畑の耕作．ドイツ語 Acker, 英語 acre はラ ager, ギ agrós（畑）と同根．

§67. 小麦，小麦粉，大麦，ライ麦，カラス麦

エ 1.wheat, 2.flour, 3.barley, 4.rye, 5.oats
ド 1.Weizen, 2.Mehl, 3.Gerste, 4.Roggen, 5.Hafer
オ 1.tarwe, 2.meel, 3.gerst, 4.rogge, 5.haver
デ 1.hvede, 2.mel, 3.byg, 4.rug, 5.havre [hauɹ:]
ス 1.vete, 2.mjöl, 3.korn, bjugg, 4.rug, 5.havre
ノ 1.hvete, 2.mel, 3.bygg, 4.rug, 5.havre
ア 1.hveiti, 2.mjöl, 3.bygg, 4.rúgur, 5.hafrar
ゴ 1.hwaiteis, 3.(adj.) barizeins
OE. 1.hwæte, 2.melu, 3.bere, 4.ryge, 5.āte
ME. 1.whete, 2.mele, flour, 3.bere, barli, 4.rye, 5.ote
[注] wheat, Weizen, hvede など "white" が語源．

§68. 植物，草，木，枝，葉，根

エ 1.plant, 2.grass, 3.tree, 4.branch, 5.leaf, 6.root
ド 1.Pflanze, 2.Gras, 3.Baum, 4.Zweig, 5.Blatt, 6.Wurzel
オ 1.plant, 2.gras, 3.boom, 4.tak, twijg, 5.blad, 6.wortel
デ 1.plante, 2.græs, 3.træ, 4.gren, 5.blad, 6.rod
ス 1.planta, 2.gräs, 4.träd, 4.gren, 5.blad, 6.rot
ノ 1.plante, 2.gras, gress, 3.tre, 4.gren, 5.blad, 6.rot
ア 1.planta, jurt, 2.gras, 3.tré, 4.grein, 5.blað, 6.rót
ゴ 2.hawi, 3.bagms, 4.asts, 5.laufs, 6.waúrts [wɔrts]
OE. 1.wyrt, 2.græs, gærs, 3.trēow, bēam, 4.telga, bōg, twig, 5.lēaf, 6.wyrttruma (truma "support")
ME. 1.wort, erbe, 2.gras, 3.tre, 4. bouwe, braunche, 5.leef, 6.rote
[注] ド Wurzel, オ wortel の -el はゴ walus（杖，棒）

— 71 —

§69. 松，白樺，ブナ，柏，樅（もみ）

エ 1.pine, 2.birch, 3.beech, 4.oak, 5.fir
ド 1.Kiefer, 2.Birke, 3.Buche, 4.Eiche, 5.Tanne
オ 1.grove den (grof "grob"), 2.berk, 3.beuk, 4.eik, 5.den
デ 1.fyrretræ, 2.birk, 3.bøg, 4.eg [eːʼj], 5.gran
ス 1.tall, 2.björk, 3.bok, 4.ek, 5.gran
　　［注］3.pl. bokar, 同音の bok（本）は pl. böcker
ノ 1.furu, 2.bjerk, bjørk, 3.bøk, 4.eik, 5.(edel)gran
ア 1.fura, 2.birki, 3.beyki, 4.eik, 5.greni
OE. 1.pīnbēam, furh, 2.beorc, 3.bēce, 4.āc, 5.sæppe, gyr
ME. 1.pine, 2.beche, 3.birch, 4.oke, 5.fyrre

§70. 花，バラ，百合，松雪草

エ 1.flower, 2.rose, 3.lily, 4.snowdrop
ド 1.Blume, 2.Rose, 3.Lilie, 4.Schneeglöckchen
オ 1.bloem, 2.roos, 3.lelie, 4.sneeuwklokje
デ 1.blomst, 2.rose, 3.lilje, 4.vintergæk
ス 1.blomma, 2.ros, 3.lilja, 4.snödroppe
ノ 1.blomst, 2.rose, 3.lilje, 4.snøklokke
ア 1.blóm, 2.rós, 3.lilja, 4.vetrargosi
ゴ 1.blōma, 3.(blōmans haiþjōs "lilies of the field")
OE. 1.blōstma, 2.rose, 3.lilie
ME. 1.blosme, flour, blome, 2.rose, 3.lilie, lely
［注］松雪草は春の到来を告げる花．Samuil Maršak の『森は生きている』(1945, 原題 Dvenadcat' mesjacev 12 の月）に出る．ドは雪の小さな釣鐘，デは冬のおばかさん，ロシア語 podsnežnik は雪（sneg）の下に（pod）咲くもの，の意味．

§71. 動物，家畜，馬，牛

エ 1.animal, 2.cattle, 3.horse, 4.cow
ド 1.Tier, 2.Vieh, 3.Pferd, 4.Kuh
オ 1.dier, 2.vee, 3.paard, 4.koe [ku:]
デ 1.dyr, 2.kvæg, kreatur, 3.hest, 4.ko (pl. køer)
ス 1.djur [ju:r], 2.boskap, kreatur, 3.häst, 4.ko (pl. kor)
ノ 1.dyr, 2.fe, buskap, 3.hest, 4.ku (pl. kyr)
ア 1.dýr, 2.kvikfé, 3.hestur, 4.kýr (pl. kýr)
ゴ 1.dius (also wildes Tier), 2.faíhu, 4.(kalbo = junge Kuh)
OE. 1.dēor, 2.fēoh, 3.hors, mearh, eoh, 4.cū
ME. 1.dere, beste, animal, 2.fe, cattell, 3.hors, 4.cow
[注] animal も cattle もフランス語より．その結果 dēor も dere も鹿の意味に縮小した(Derby は鹿の町)．ス boskap ＜ bo 住む，skap ＝ ド -schaft. OE. eoh ＝ ラ equus, ギ híppos

§72. ブタ，ヒツジ，山羊，鶏

エ 1.pig, 2.sheep, 3.goat, 4.hen, chicken
ド 1.Schwein, 2.Schaf, 3.Ziege, 4.Huhn
オ 1.varken, 2.schaap, 3.geit, 4.kip, hoen [hu:n]
デ 1.svin, gris, 2.får, 3.ged, 4.høne, høns
ス 1.svin, 2.får, 3.get, 4.höns. ノ 1.gris, 2.sau, 3.geit, 4.høne
ア 1.svín, 2.(sauð)kind, 3.geit, 4.hæna ['haina]
ゴ 1.svein, 2.lamb, 3.gaits OE. 1.fearh, 2.scēap, 3.gāt
ME. 1.pigge, 2.schepe, 3.gote
[注] hen は鶏とメンドリ(§73)の両方を含む．米国では総称として chicken が普通 (chickens, chicken farm)．日本でもチキンライス，チキンカツなどという．

§73. オンドリ，メンドリ，ヒヨコ

エ 1.hen, chicken, 2.hen, 3.chicken
ド 1.Hahn, 2.Henne, 3.Hühnchen, Küchlein
オ 1.haan, 2.kip, hen, 3.kuiken
デ 1.hane, 2.høne, 3.kylling
ス 1.hane, 2.höna, 3.kyckling
ノ 1.hane, 2.høne, 3.kylling
ア 1.hani, 2.hæna, 3.kjúklingur
ゴ 1.hana
OE. 1.hana, coc(c), 2.henn, 3.cicen
ME. 1.cocke, 2.henne, 3.chicken

[注] hen はラテン語 canō (sing) と同根で "singer" が原義.

§74. 犬，子犬，猫，子猫

エ 1.dog, 2.little dog, puppy, 3.cat, 4.little cat, kitten
ド 1.Hund, 2.junger Hund, Hündchen, 3.Katze, 4.Kätzchen
オ 1.hond, 2.jonge hond, 3.kat, poes [pu:s], 4.katje
デ 1.hund, 2.(hunde)hvalp, 3.kat, 4.kattekilling
ス 1.hund, 2.valp, 3.katt, katta (she-cat), 4.kattunge
ノ 1.hund, 2.valp, 3.katt, katte (she-cat), 4.kattunge
ア 1.hundur, 2.hvolpur, 3.köttur, 4.kettlingur
ゴ 1.hunds
OE. 1.hund (docga), 2.hwelp, 3.catte, cat
ME. 1.hound, dogge, 2.whelpe, 3.cat

[注] hund が印欧語的（ラテン語 canis, ギリシア語 kúōn, サンスクリット語 śvan-）であるのに対して，cat はエジプトから来て，ギリシア・ローマに伝わった.

§75. アヒル, ガチョウ, ウサギ, 家ウサギ, カメ

エ 1.duck, 2.goose, 3.hare, 4.rabbit, 5.tortoise
ド 1.Ente, 2.Gans, 3.Hase, 4.Kaninchen, 5.Schildkröte
オ 1.eend, 2.gans, 3.haas, 4.konijn [-'nɛin], 5.schildpad
デ 1.and, 2.gås, 3.hare, 4.kanin, 5.skildpadde
ス 1.anka, and, 2.gås, 3.hare, 4.kanin, 5.sköldpadda [jöld-]
ノ 1.and, 2.gås, 3.hare, 4.kanin, 5.skilpadde [ʃil-]
ア 1.önd, 2.gæs, 3.héri, 4.kanína, 5.skjaldbaka
OE. 1.ened (duce), 2.gōs, 3.hara
ME. 1.ducke, (h)ende, 2.goos, 3.hare
[注] duck (cf.ド tauchen もぐる), hare < *hazan "the grey" tortoise < ラ tortus "twisted", Schildkröte (楯+ヒキガエル)

§76. ライオン, 狼, クマ, 狐, ロバ

エ 1.lion, 2.wolf, 3.bear, 4.fox, 5.ass, donkey [< Duncan?]
ド 1.Löwe, 2.Wolf, 3.Bär, 4.Fuchs, 5.Esel
オ 1.leeuw, 2.wolf, 3.beer, 4.vos, 5.ezel
デ 1.løve, 2.ulv, 3.bjørn, 4.ræv [cf. rav 琥珀], 5.æsel
ス 1.lejon, 2.valg, ulv, 3.björn, 4.räv, 5.åsna
ノ 1.løve, 2.ulv, varg, 3.bjørn, 4.rev, 5.esel
ア 1.ljón, 2.úlfur, 3.björn, bjarndýr, 4.refur, 5.asni
ゴ 2.wulfs, 4.fauhō, 5.asilus
OE. 1.lēo, 2.wulf, 3.bera, 4.fox, 5.assa, esol
ME. 1.lioun, 2.wolf, 3.bere, 4.fox, 5.asse
[注] lion < ラ leō, ギ léōn < pre-Greek からの借用語. wolf はサ vrka-, ギ lúkos, ラ lupus と同根. bear は "the brown one" の意味. vos, cf. オランダ民話 Reinke de Vos (狐物語).

§77. 鹿, サル, 象, ラクダ

エ 1.deer, 2.monkey, 3.elephant, 4.camel
ド 1.Hirsch, 2.Affe, 3.Elefant, 4.Kamel [ka'me:l]
オ 1.hert, 2.aap, 3.olifant, 4.kameel [ka'me:l]
デ 1.hjort, 2.abe, 3.elefant, 4.kamel [ka'me:'l]
ス 1.hjort, 2.apa, 3.elefant, 4.kamel
ノ 1.hjort, 2.ape, 3.elefant, 4.kamel
ア 1.hjartardýr, 2.api, 3.fíll [fi:tl], 4.úlfaldi
ゴ 4.ulbandus
OE. 1.heorot, 2.apa, 3.elpend, ylp, 4.olfend (camel)
ME. 1.hert, dere, 2.ape, 3.olifant, elefant, 4.camel

[注] elephant も camel もエジプトないしセム語起源で, ギリシア語を通してヨーロッパに入った. ア úlfaldi, ゴ ulbandus はラクダも象も同じように見えたためと思われる. ア fíll はアラビア語 fīl より (Falk-Torp, 1910; K. Lokotsch, Etymologisches Wörterbuch der europäischen Wörter orientarischen Ursprungs, Heidelberg, 1927).

§78. カエル, ヒキガエル, ハエ, 蚊

エ 1.frog, 2.toad, 3.fly, 4.mosquito [Sp. dim. musca ハエ]
ド 1.Frosch, 2.Kröte, 3.Fliege, 4.Mücke
オ 1.kikker (擬音語), 2.pad, 3.vlieg, 4.mug [mœx]
デ 1.frø, 2.tudse, 3.flue, 4.myg
ス 1.groda (< Kröte の低ド形), 2.padda, 3.fluga, 4.mygga
ノ 1.frosk, 2.padde, 3.flue, 4.mygg
ア 1.froskur, 2.padda, 3.fluga, 4.mýfluga
OE. 1.frogga, 2.tādige, tadde, 3.flēoge, 4.mycg
ME. 1.frogge, 2.tadde, 3.flye, 4.mydge [注] midge 蚊, ブヨ

§79. 鳥，小鳥，ハト，カタツムリ

エ 1.bird, 2.(little) bird, 3.pigeon, dove, 4.snail
ド 1.Vogel, 2.kleiner Vogel, 3.Taube, 4.Schnecke
オ 1.vogel, 2.vogeltje, 3.duif, 4.slak ["slippery"の意味]
デ 1.fugl [fu:'l], 2.lille fugl, 3.due, 4.snegl [snai'l]
ス 1.fågel, 2.liten fågel, 3.duva, 4.snigel
ノ 1.fugl, 2.liten fugl, 3.due, 4.snegl
ア 1.fugl [fʏkl], 2.lítill fugl, 3.dúfa, 4.snigill
ゴ 1.fugls, 3.ahaks
OE. 1.fugol, 3.dūfe (in compounds), 4.snegel, snægel
ME. 1.fowl, brid, 3.dofe, 4.snayl
[注] ド Vogel, デ fugl, エ fowl (fowls of the air 空飛ぶ鳥) birdは総称にも小鳥にも用いる．pigeonはフ pigeon < ラ pīpiō (擬音語ピーピー) より．

§80. スズメ，ツバメ，タカ，ワシ

エ 1.sparrow, 2.swallow, 3.hawk, 4.eagle
ド 1.Sperling, 2.Schwalbe, 3.Falke, 4.Adler
オ 1.mus [< ラ musca], 2.zwaluw, 3.valk, 4.arend ['a:-]
デ 1.spurv, 2.svale, 3.falk, 4.ørn
ス 1.sparv, 2.svala, 3.falk, 4.örn
ノ 1.spurv, 2.svale, 3.falk, 4.ørn
ア 1.spör, 2.svala, 3.fálki, valur, 4.örn
ゴ 1.sparwa, 4.ara
OE. 1.spearwa, 2.swealwe, 3.h(e)afoc, 4.earn (cf. ON ǫrn)
ME. 1.sperwe, 2.swalwe, 3.hauk, 4.egle
[注] sparrow < *sparwan-, *sparwaz, swallow < *swalwōn

§81. ミツバチ, ハチミツ, ハチミツ酒, ネズミ (大, 小)

エ 1.bee, 2.honey, 3.mead, 4.rat, mouse
ド 1.Biene, 2.Honig, 3.Met, 4.Ratte, Maus
オ 1.bij, 2.honing, 3.mee, 4.rat, muis
デ 1.bi, 2.honning, 3.mjød, 4.rotte, mus
ス 1.bi, 2.honung, hon(n)ing, 3.mjöd, 4.råtta, mus
ノ 1.bie, 2.honning, 3.mjød, 4.rotte, mus
ア 1.býfluga, 2.hunang, 3.mjöður, 4.rotta, mús
ゴ 2.miliþ, 3*midus
OE. 1.bēo, 2.hunig, 3.medu, medo, 4.ræt (once), mūs
ME. 1.be, 2.huni, honi, 3.mede, 4.rat, raton, mous
[注] mead は北欧神話の神々の飲み物. ギリシア語 méthu, サンスクリット語 mádhu, ロシア語 mëd [mjo:t], ウェールズ語 medd [mεð], リトアニア語 midùs など広く見られる.

§82. ウナギ, カニ, 蛇, 鯨

エ 1.eel, 2.crab, 3.snake, 4.whale
ド 1.Aal, 2.Krabbe, 3.Schlange, 4.Walfisch (Walの形もある)
オ 1.paling(語源不詳), 2.krab, 3.slang, 4.walvis(vis = fish)
デ 1. ål, 2.krabbe, 3.slange, 4.hval
ス 1.ål, 2.krabba, 3.orm, 4.val(fisk)
ノ 1.ål, 2.krabbe, 3.slange, orm, 4.hval
ア 1.áll [autl], 2.krabbi, 3.höggormur, naðra, 4.hvalur
ゴ 3.waúrms, nadrs
OE. 1.æl, 2.crabba, 3.wyrm, nædre, snaca, 4.hwæl
ME. 1.eol, 2.crabbe, 3.worme, snake, serpent, (n)addre, 4.qual
[注] snake 原義: 這う者. ド Schlange 原義: 巻きつく者.

§83. 自然 (nature, 山, 川, 湖, 森)

エ 1.nature, 2.mountain, 3.river, 4.lake, 5.forest
ド 1.Natur, 2.Berg, 3.Fluss, 4.See, 5.Wald
オ 1.natuur, 2.berg, 3.rivier, 4.zee, 5.bos
デ 1.natur, 2.bjerg, 3.å, 4.sø, 5.skov
ス 1.natur, 2.berg, 3.å, 4.sö, 5.skog
ノ 1.natur, 2.berg, fell, 3.å, 4.sø, 5.skog
ア 1.nátúra ['nau-], 2.berg, fell, 3.á, 4.vatn, 5.skógur
ゴ 2.faírguni, 3.ahwa, 4.marei, saiws
OE. 2.beorg, 3.ēa, 4.lacu, 5.wudu
ME. 1.nature, 2.montaigne, 3.rivere, 4.lake, 5.foret
[注] nature < ラ nātūra (*gen-, *gn- 生じる). cf. ギ physis < phūō 生じる. mountain, river, forest はフランス語より.

§84. 天気 (雨, 雨が降る, 虹)

エ 1.weather, 2.rain, 3.it rains, 4.rainbow
ド 1.Wetter, 2.Regen, 3.es regnet, 4.Regenbogen
オ 1.weer, 2.regen, 3.het regent, 4.regenboog
デ 1.vejr [vɛːɹ], 2.regn [rain], 3.det regner, 4.regnbue
ス 1.väder, 2.regn [rɛŋn], 3.det regnar, 4.regnbåge
ノ 1.vær, 2.regn [rain], 3.det regner, 4.regnbue
ア 1.veður, 2.regn [rɛgn], rigning, 3.hann (*or* það) rignir, 4. regnbogi.　　ゴ 2.rign, 3.rigneiþ.
OE. 1.weder, 2.reġ(e)n, 3.He (God) hregnaþ, 4.rēn-boga.
ME. 1.weder, 2.rain, 3.it rineþ, 4.reinbowe
[注] ホメーロスには「ゼウスが雨を降らせる」(Zeùs hūei) があり, ロシア語では「雨が行く」(dožd' idët) という.

§85. 雪，雪が降る，霜，霜が降りる

エ 1.snow, 2.it snows, 3.frost, 4.it frosts, it freezes
ド 1.Schnee, 2.es schneit, 3.Reif, 4.es gibt Reif
オ 1.sneeuw, 2.het sneeuwt, 3.rijp, 4.het rijpt
デ 1.sne, 2.det sner, 3.rimfrost, 4.det bliver rimfrost
ス 1.snö, 2.det snöar, 3.frost, 4.det finns frost
ノ 1.snø, 2.det snøer, 3.rim, 4.det rimer
ア 1.snjór, 2.hann (or það) snjóar, 3.hrím, 4.það hrímar
ゴ 1.snaiws OE. 1.snāw, 2.sniuwiþ (ninguit), 3.forst, hrim
ME. 1.snow, 2.it snoweth, 3.forst, frost

[注] Falk-Torp (Dansk-norskens syntax, Kristiania, 1900, p.4) は「ゼウスやユピテルが雨を降らせる」の表現は詩人の空想 (digterisk fantasi) であるという．西および北ノルウェーでは han regner, snjoar, myrknar (暗くなる)，アイスランド語 hann rignir í allan dag (一日中雨が降る)．

§86. 風，暴風，洪水，空，星

エ 1.wind, 2.storm, 3.flood, 4.sky, 5.star
ド 1.Wind, 2.Sturm, 3.Hochwasser, 4.Himmel, 5.Stern
オ 1.wind, 2.storm, 3.hoogwater, 4.hemel, 5.ster
デ 1.vind, 2.storm, 3.højvande, 4.himmel, 5.stjerne
ス 1.vind, 2.storm, 3.högvatten, 4.himmel, 5.stjärna
ノ 1.vind, 2.storm, 3.høyvann, 4.himmel, 5.stjerne
ア 1.vindur, 2.stormur, 3.háflæði, 4.himinn, 5.stjarna
ゴ 1.winds, 3.flōdus, 4.himins, 5.staírnō
OE. 1.wind, 2.storm, 3.flōd, 4.heofon, 5.steorra
ME. 1.wind, 2.storm, 3.flood, 4.heven, sky, 5.sterre

[注] ノルド諸語 sky は「雲」．英語は「空」の意味で借用．

§87. 都市，町，村，街路，道

エ 1.city, 2.town, 3.village, 4.street, 5.road
ド 1.Stadt, 2.Stadt, 3.Dorf, 4.Strasse, 5.Strasse, Weg
オ 1.stad, 2.stad, 3.dorp, 4.straat, 5.weg
デ 1.by, 2.by, 3.landsby, 4.gade, 5.vej, landevej
ス 1.stad, 2.stad, 3.by, 4.gata, 5.väg
ノ 1.stad, 2.by, 3.landsby, 4.gate, 5.vei
ア 1.borg, 2.bær [pair], 3.þorp, 4.stræti, gata, 5.vegur, leið [大きな通り braut は切り開いて (brjóta) 作った道でフランス語 rue の語源 via rupta に似ている]
ゴ 1.baúrgs, 2.baúrgs, 3.haims, weihs, 4.gatwō [gate, Castlegate, Fishergate], plapja [lat. platea], 5.wigs
OE. 1.2.burg, čeaster, 3.þorp, by, 4.stræt, 5.weg, stræt
ME. 1.citee, 2.toun, 3.village, toun, thorp, 4.strete,
　　5.weie, strete [city と town の区別がない言語が多い]

§88. 旅 (1.旅行, 2.鉄道, 3.駅, 4.汽車, 5.車)

エ 1.trip, 2.railway, 3.station, 4.train, 5.car
ド 1.Reise, 2.Eisenbahn, 3.Bahnhof, 4.Zug, 5.Wagen
オ 1.reis, 2.spoorweg, 3.station [sta'sjɔn], 4.trein, 5.wagen
デ 1.rejse, 2.jernebane, 3.banegård, 4.tog, 5.bil
ス 1.resa, 2.järnväg, 3.station, 4.tåg, 5.bil, vagn
ノ 1.reise, 2.jernbane, 3.stasjon [-'sjo:n], 4.tog, 5.bil
ア 1.ferð, 2.járnbraut, 3.stöð, 4.(járnbrautar)lest, 5.bíl
ゴ 1.wratodus (reisen = wratōn, Reisegefährte = gasinþa)
OE. 1.fær, fōr, sīþ (wīdsīþ "long journey, great traveller")
ME. 1.fāre "voyage, journey" [注] Iceland に鉄道はない．

§89. 交通 (1.船, 2.遊覧船, 3.ボート, 4.地下鉄)

エ 1.ship, 2.sightseeing boat, 3.boat, 4.subway
ド 1.Schiff, 2.Vergnügungsampfer, 3.Boot, 4.U-bahn
オ 1.schip [sxip], 2.plezierboot, 3.boot, 4.metro
デ 1.skib, 2.lystbåd, 3.båd, 4.undergrundsbane
ス 1.skepp [ʃɛp], 2.lustbåt, 3.båt, 4.tunnelbana
ノ 1.skip [ʃip], 2.lystbåt, 3.båt, 4.T-bane (T = tunnel)
ア 1.skip, 2.lystibátur, 3.bátur, 4.neðanjarðarlest
ゴ 1.skip　　　　　　　　　[Iceland に地下鉄はない]
OE. 1.sċip [ʃip], 3.bāt
ME. 1.ship, 3.boot
[注] 古代・中世の交通手段は船と馬だった．

§90. 飛行機, 飛行場, 乗る, 降りる

エ 1.airplane, 2.airport, 3.get on, 4.get off
ド 1.Flugzeug, 2.Flughafen, 3.einsteigen, 4.aussteigen
オ 1.vliegtuig, 2.luchthaven, 3.instappen, 4.uitstappen
デ 1.flyvemaskine, 2.lufthavn, 3.stige ind, 4.stige ud
ス 1.flygplan, 2.flyghamn, 3.stiga in (or på), 4.stiga ut
ノ 1.fly, 2.lufthavn, 3.stige inn, gå på, 4.stige ut, gå av
ア 1.flugvél, 2.flugvöllur, 3.stíga inn í, 4.stíga út
ゴ 3.gasteigan, 4.atsteigan
OE. 3.āstīgan (on sċip), 4.niþerstīgan, lihtan
ME. 3.ryde (in schip, upon ass), 4.lighte
[注] アンデルセンは「数千年後には人間は空を飛んで，ヨーロッパからアメリカへ行けるだろう」と 1852 年に書いたが，1927 年 Lindbergh によって大西洋横断飛行が実現した．

§91. 学校，生徒（女生徒），教師（女教師）

エ 1. school, 2. pupil, 3. teacher
ド 1. Schule, 2. Schüler(in), 3. Lehrer(in)
オ 1. school [sxo:l], 2. leerling(e), 3. leraar (lerares [-'rɛs])
デ 1. skole, 2. elev [e'le:'v] (skoledreng, skolepige),
　 3. lærer (lærerinde [-'enə])
ス 1. skola, 2. elev (skolgosse, -flicka), 3. lärare (lärarinna [-ìnna])
ノ 1. skole, 2. elev, 3. lærer (lærerinne [-ìnnə])
ア 1. skóli, 2. nemandi, 3. kennari
ゴ 2. sipōneis, 3. laisareis ['laisari:s]
OE. 1. scōl, 2. leornungcniht, 3. lārēow
ME. 1. scol, 2. scoler(e), 3. techer(e)

§92. 小学校，中学校，高等学校

エ 1. primary school, 2. secondary school, 3. high school
ド 1. Grundschule, 2. Mittelschule, 3. Gymnasium
オ 1. basisschool, 2. middelbare school, 3. gymnasium
デ 1. grundskole, 2. mellemskole, 3. gymnasium
ス 1. bottenskola, 2. mellanskola, 3. läroverk, gymnasium
ノ 1. grunnskole, 2. mellomskole, 3. gymnasium
ア 1. grunnskóli, 2. miðskóli, 3. menntaskóli
ゴ　OE. ME.

[注] 教育に関しては，ギリシア・ローマが模範となった．schoolは外来語を好まぬアイスランド語にも採り入れられた．gymnásionは体操（< gymnós 裸の）の訓練を行った場所を指した．体育はギリシアにおける基本教育だった．

§93. 大学，学生，教授，講師

エ 1.university, 2.student, 3.professor, 4.lecturer
ド 1.Universität, 2.Student(in), 3.Professor, 4.Lektor
オ 1.universiteit, 2.student(e), 3.professor, 4.lector
デ 1.universitet, 2.student, 3.professor, 4.lektor
ス 1.universitet, 2.student(ska), 3.professor, 4.lektor
ノ 1.universitet, 2.student, 3.professor, 4.lektor
ア 1.háskóli, 2.stúdent, 3.prófessor, 4.lektor
ゴ OE. ME. [universitās = Mod. Gr. panepistêmion(全・科学)]
[注] university（学問の総合, studium generale）成立の必須条件は神学（Theologie），哲学（Philosophie），法学（Jura），医学（Medizin）の四つの学部（Fakultät）であった．

§94. 学ぶ，教える，科目，専門

エ 1.learn, 2.teach, 3.subject, 4.specialty (speciality)
ド 1.lernen, 2.lehren (unterrichten), 3.Fach, 4.Hauptfach
オ 1.leren, 2.onderwijzen, 3.vak, 4.hoofdvak [ˈhoːftfak]
デ 1.lære, 2.lære (undervise), 3.fag, 4.hovedfag
ス 1.lära (sig), 2.lära (undervisa), 3.fack, 4.specialitet
ノ 1.lære, 2.lære (undervise), 3.fag, 4.særstudium
ア 1.læra(st), nema, 2.kenna, 3.námsgrein, 4.sérgrein
ゴ 1.laisjan sik, 2.laisjan
OE. 1.leornian, 2.læran
ME. 1.lerne, 2.teche, lere, lerne
[注] ゴート語の「学ぶ」は「自分を教える」．デンマーク語では「学ぶ」と「教える」が同じになっている．アイスランド語とスウェーデン語にその中間状態が見られる．

§95. 人文科学，社会科学，自然科学

エ 1.the humanities, 2.social science, 3.natural science
ド 1.Geisteswissenschaft, 2.Sozial-, 3.Naturwissenschaft
オ 1.geesteswetenschap, 2.sociaale wetenschap,
　 3.natuurwetenschap
デ 1.humaniora, 2.samfundsvidenskab, 3.naturvidenskab
ス 1.humaniora, 2.samfundsvetenskap, 3.naturvetenskap
ノ 1.humaniora, 2.samfunnsvitenskap, 3.naturvitenskap
ア 1.hugvísindi, 2.félagsvísindi, 3.náttúruvísindi

[注] humaniora は hūmānus（人間的な）の比較級中性複数で「より人間的な（研究 studia）」の意味．人間的は神的の反意語．ア hugur は "Geist", vísindi "Wissenschaft"

§96. 言語，言語学，方言，文法，翻訳する

エ 1.language, 2.linguistics, 3.dialect, 4.grammar, 5.translate.　ド 1.Sprache, 2.Sprachwissenschaft, Linguistik, 3.Dialekt, 4.Grammatik, 5.übersetzen.　オ 1.taal, 2.taalwetenschap, 3.dialect, 4.grammatica, 5.vertalen.
デ 1.sprog, 2.sprogvidenskab, 3.dialekt, 4.grammatik, 5.oversætte.　ス 1.språk, 2.språkvetenskap, 3.dialekt, 4.grammatik, 5.översätta.　ノ 1.språk, 2.språkvitenskap, 3.dialekt, 4.grammatik, 5.oversette.　ア 1.mál, tungumál, 2.málvísindi, 3.mállýska, 4.málfræði, 5.þýða (cf. ド deuten).
ゴ 1.razda [cf. OE. reord]
OE. 1.spræc, reord, tunge.　ME. 1.speche, tunge, langage.
[注]『言語学辞典』の書名に Sprachwissenschaftliches Wörterbuch と Linguistisches Wörterbuch の両方がある．

§97. 単語, 文, 文字, 紙, 手紙

エ 1. word, 2. sentence, 3. letter, 4. paper, 5. letter
ド 1. Wort, 2. Satz, 3. Buchstabe, 4. Papier, 5. Brief
オ 1. woord, 2. zin, 3. letter, 4. papier, 5. brief
デ 1. ord, 2. sætning, 3. bogstav, 4. papir, 5. brev
ス 1. ord, 2. sats, 3. bokstav, 4. papper, 5. brev
ノ 1. ord, 2. setning, 3. bokstav, 4. papir, 5. brev
ア 1. orð, 2. setning, 3. bókstafur, 4. pappír, 5. bréf
ゴ 1. waúrd, 3. bōka, 5. bōkōs, aípistaúlē
OE. 1. word, 3. (bōc)stæf, 5. (ærend)gewrit, stafas
ME. 1. word, 3. lettre, bocstaf, 4. papir, 5. lettre(s), writ

[注]「文字」の複数 =「手紙」はギリシア語 grámma (文字) の複数 grámmata, ラテン語 littera の複数 litterae に始まり, 後に単数でも「手紙」に用いられようになった. ド Brief ＜ ラ brevis (libellus) 短い (書き物).

§98. 鉛筆, ペン, インク, 万年筆

エ 1. pencil, 2. pen, 3. ink, 4. fountain pen
ド 1. Bleistift, 2. Feder, 3. Tinte, 4. Füller, Füllfeder
オ 1. potlood, 2. pen, 3. inkt, 4. vulpen ["full pen"]
デ 1. blyant, 2. pen, 3. blæk [OE. blæc "black"], 4. fyldepen
ス 1. blyertspenna, 2. penna, 3. bläck, 4. reservoarpenna
ノ 1. blyant, 2. penn, 3. blekk, 4. fyllepenn
ア 1. blýantur, 2. penni, 3. blek, 4. lindarpenni [lind 泉]
ゴ 3. swartiza, swartizla (dat. sg. ギリシア語 mélan の訳)
OE. 2. feþer, 3. blæc
ME. 2. penne, 3. enke [＜ Old French enque, Mod. Fr. encre]

§99. 郵便, 葉書, 便箋, 切手, 航空便（注）

エ　1. mail, post, 2. post card, 3. letter paper, 4. stamp
ド　1. Post, 2. Postkarte, 3. Briefpapier, 4. Briefmarke
オ　1. post, 2. briefkaart, 3. postpapier, 4. postzegel
デ　1. post, 2. brevkort, 3. brevpapir, 4. frimærke
ス　1. post, 2. brevkort, 3. brevpapper, 4. frimärke
ノ　1. post, 2. brevkort, postkort, 3. brevpapir, 4. frimerke
ア　1. póstur, 2. bréfspjald, 3. bréfsefni（封筒とも）, 4. frímerki

[注] air mail = Luftpost, luchtpost, デ・ス・ノ luftpost, flugpóstur. post ＜ ラ *posta（設置された, 女性形）は飛脚, 駅伝馬車から郵便の意味になった.

§100. 文学, 詩, 作家, 詩人

エ　1. literature, 2. poetry, 3. writer, author, 4. poet
ド　1. Literaur, 2. Gedicht, 3. Schriftsteller(in), 4. Dichter
オ　1. literatuur, letterkunde, 2. gedicht, 3. schrijver,
　　4. dichter, schrijver, auteur
デ　1. litteratur, 2. digt, 3. forfatter, 4. digter
ス　1. litteratur, 2. dikt, 3. författare(-fattarinna), 4. diktare
ノ　1. litteratur, 2. dikt, 3. forfatter, 4. dikter
ア　1. bókmenntir (f. pl.), 2. kvæði, 3. rithöfundur, 4. skáld
ゴ　1.（mēla 聖書）　OE. 1.（writ）, 3. wrītere, 4. scop
ME. 1. litteratūre, 2. poetrie, 3. autor, writer, 4. poet

[注] 古典ギリシア語には文学を表す語がなく, ラテン語 litterātūra が西欧に広まった. 古ノルド語 skáld, OE. scop は宮廷詩人を指した. poet, poem, poetry, poesy はギリシア語起源で, poiéō (I do) より. 詩人は「創造者」の意味.

§101. 芸術, 芸術家, 絵画, 画家

エ 1.art, 2.artist, 3.picture, drawing, 4.painter, artist
ド 1.Kunst, 2.Künstler(in), 3.Malerei, 4.Maler
オ 1.kunst [kœnst], 2.kunstnaar (kunstnares [-'rɛs]),
　 3.schilderkunst, 4.schilder (schilderes [-'rɛs])
デ 1.kunst, 2.kunstner (kunstnerinde ['enə]), 3.maleri
　 [-'ri:'], 4.maler (malerinde ['enə])
ス 1.konst, 2.konstnär (konstnärinna [`inna]), 3.måleri
　 [`ri:], 4.målare (målarinna [`inna])
ノ 1.kunst, 2.kunstner, 3.maleri, 4. maler (malerinne)
ア 1.list, 2.listamaður, 3.málverk, 4.málari
ゴ. OE. ME. art, artist は主として絵画と彫刻に関して用いられた. 芸術家（物を作る者）に近い語としてゴ -smiþa (Schmied, aiza-smiþa "Erzschmied"), OE. wyrhta "worker", ME. wright (e. g. cartwright) がある.

§102. 神話, 童話, 伝説, 物語

エ 1.myth, mythology, 2.fairy tale, 3.legend, 4.tale, story
ド 1.Mythos, 2.Märchen, 3.Sage, 4.Geschichte, Erzählung
オ 1.mythe, 2.sprookje, 3.sage, 4.verhaal, geschiedenis
デ 1.myte, 2.eventyr, 3.sagn, 4.historie
ス 1.myt, 2.saga, 3.saga, säg(e)n, 4.berättelse
ノ 1.myte, 2.eventyr, 3.sagn, 4.historie
ア 1.goðsaga, goðsögn, 2.ævintýri, 3.þjóðsaga, sögn,
　 4.saga, sögn, frásögn
ゴ 3.spill. OE. 4.gerecednes ME. 3.legende, 4.tale, storie
[注] 童話 eventyr < ラ adventura（来る予定のもの, 冒険）

§103. 医者，歯医者，病院，薬

エ 1.(medical) doctor, 2.dentist, 3.hospital, 4.medicine
ド 1.Arzt, 2.Zahnart, 3.Krankenhaus, 4.Arznei
オ 1.arts, 2.tandarts, 3.ziekenhuis, 4.geneesmiddel
デ 1.læge [ˈlɛːjə], 2.tandlæge, 3.sygehus, 4.lægemiddel
ス 1.doktor, läkare, 2.tandläkare, 3.sjukhus, 4.medicin
ノ 1.lege, 2.tannlege, 3.sykehus, 4.legemiddel, medisin
ア 1.læknir, 2.tannlæknir, 3.sjúkrahús, 4.lyf, læknislyf
ゴ 1.lēkeis, 4.(lubja-)
OE. 1.læċe, 4.lybb, læċdōm
ME. 1.leche, 4.medicine, drogges (pl.)
[注] doctor はラテン語で教師 (doceō 教える)，英語に借用されて学者，医者，博士となる．ド Arzt [aːrtst] < late Lat. archiater, Gr. arkh-īātrós "chief, i. e. court physician"

§104. 鍛冶屋，大工，彫刻家，デザイナー

エ 1.smith, 2.carpenter, 3.sculptor, 4.designer
ド 1.Schmied, 2.Zimmermann, 3.Bildhauer, 4.Designer
オ 1.smid, 2.timmerman, 3.beeldhouwer, 4.tekenaar
デ 1.smed, 2.tømrer, 3.billedhugger, 4.designer
ス 1.smed, 2.timmerman, 3.bildhuggare, 4.ritare, tecknare
ノ 1.smed, 2.tømmermann, 3.billedhogger, 4.tegner, dekoratør
ア 1.járnsmiður, 2.trésmiður, 3.myndhöggvari, 4.hönnuður
ゴ 1.aiza-smiþa, 2.timrja
OE. 1.smiþ, 2.trēowwyrhta, 3.(grafere)
ME. 1.smith, 2.carpenter, 3.(graver), kerver

§105. 祖国, 国民, 社会, 人々

エ 1.fatherland, 2.nation, 3.society, 4.people
ド 1.Vaterland, 2.Volk, 3.Gesellschaft, 4.Leute
オ 1.vaderland, 2.volk, 3.maatschappij, 4.mensen, lieden
デ 1.fædreland, 2.folk, 3.selskab, samfund, 4.folk
ス 1.fädernesland, 2.folk, nation, 3.sällskap, samfund, 「4.folk
ノ 1.fedreland, 2.folk, 3.selskap, samfunn, 4.folk
ア 1.föðurland, 2.þjóð, 3.samfélag, 4.fólk
ゴ 1.land (O. Priese), 2.þiuda, 4.managei
OE. 2.þēod, lēod, folc, 3.drohtaþ, 4.firas, folc, lēode
ME. 2.nacioun, 3.felauescipe, 4.folc, folk, peple, puple
[注] Vaterland, Muttersprache (mother tongue, moedertaal, modersprog, móðurmál) の父・母の相違は Land と Sprache の性の相違か. ラテン語の祖国は patria.

§106. 王, 女王, 王子, 王女

エ 1.king, 2.queen, 3.prince, 4.princess
ド 1.König, 2.Königin, 3.Prinz, 4.Prinzessin
オ 1.koning, 2.koningin ['ŋin], 3.prins, 4.prinses ['sɛs]
デ 1.konge, 2.dronning, 3.prins, 4.prinsesse
ス 1.konung, kung, 2.drottning, 3.prins, 4.prinsessa
ノ 1.konge, 2.dronning, 3.prins, 4.prinsesse
ア 1.konungur, 2.drottning, 3.prins, 4.prinsessa
ゴ 1.þiudans, reiks (Herrscher). OE. 1.cyning, þēoden, 2.cwēn, 3.æþeling, ealdor. ME. 1.kyng, 2.quene, 3.prince, 4.princesse   [注] 王子, 王女はド Königssohn, Königstochter, ア konungssonur, konungsdóttir もあり.

§107. 主人，召使，女中，奴隷

エ 1.master, 2.servant, 3.maidservant, 4.slave
ド 1.Herr, 2.Diener, 3.Dienstmädchen, 4.Sklave
オ 1.heer, 2.bediende, 3.dienstmeisje, 4.slaaf
デ 1.herre, 2.tjener, 3.tjenestepige, 4.slave
ス 1.herre, 2.tjänare, 3.tjänstflicka, 4.slav, träl
ノ 1.herre, 2.tjener, 3.tjenestejente, 4.slave, trell, trelle
ア 1.herra, 2.þjónn, 3.þjónstustúlka, 4.þræll [θraitl]
ゴ 1.frauja, 2.skalks, andbahts, 4.skalks, þius
OE. 1.hlāford, drihten, 2.þeġn, ambeht, cniht, 4.þēow, þræl, scealc.　ME. 1.louerd, drihte, maister, 2.servaunt, thain, 4.sclave, thral(l)

§108. 神，天使，牧師，教会 (＝ド Gotteshaus 神の家)

エ 1.God, 2.angel, 3.pastor, clergyman, 4.church
ド 1.Gott, 2.Engel, 3.Pfarrer, Pastor, 4.Kirche
オ 1.God [xɔt], 2.engel, 3.pastoor, 4.kerk
デ 1.gud, 2.engel, 3.præst, pastor, 4.kirke
ス 1.gud, 2.ängel, 3.präst, pastor, 4.kyrka
ノ 1.gud, 2.engel, 3.prest, pastor, 4.kirke
ア 1.guð, 2.engill, 3.prestur, 4.kirkja
ゴ 1.guþ, 2.aggilus, 3.gudja, weiha, 4.aíkklēsjō
OE. 1.god, ōs, 2.engel, 3.sacerd, prēost, 4.ċiriċe, ċirċe
ME. 1.god, 2.angle, aungel, 3.preste, 4.cherch(e), church(e)
[注] 神のゲルマン祖語 *guð-ám は中性であった．ゴート語 guþ は男性 (cf. deus, theós) だが語尾 -s がない．古ノルド語 guð (m.) はキリストの神を，goð(n.) は異教の神を指した．

§109. 神聖な，信じる，異教の

エ 1. holy, 2. believe, 3. pagan [pāgānus < pāgus 村, F. pays]
ド 1. heilig, 2. glauben, 3. heidnisch [Heide "heath"].
オ 1. heilig, 2. geloven, 3. heidens
デ 1. hellig, 2. tro [cf. trøst 慰め], 3. hedensk
ス 1. helig, 2. tro, 3. hednisk．ノ 1. hellig, 2. tro, 3. hedensk
ア 1. heilagur, helgur, 2. trúa, 3. heiðinn
ゴ 1. weihs, 2. galaubjan, 3. þiudiskō (adv.)
OE. 1. hālig, 2. gelīefan, 3. hæþen(isc)
ME. 1. holy, 2. beleve, (i)leve, trouwen, 3. hethen, paygan
[注]「神聖な」の単語にはゲルマン系のholy (cf. heal, health, whole) とラテン系のsacred (cf. sanctus, saint) がある．

§110. 悪魔，魔女，幽霊，妖精

エ 1. devil, 2. witch, 3. ghost, 4. fairy [lat. fāta 運命]
ド 1. Teufel, 2. Hexe, 3. Gespenst, 4. Elfe (水の精 Nixe)
オ 1. duivel, 2. heks, 3. spook, 4. elf (水の精 waternimf)
デ 1. djævel, 2. heks, 3. spøgelse ['sbɔjəlsə], 4. fe, alf
ス 1. djävul, 2. häxa, trollpacka, 3. spöke, 4. fe, älva
ノ 1. djevel, 2. heks, 3. spøkelse, 4. hulder, alv
ア 1. djöfull, 2. (galdra)norn, seiðkona, 3. draugur, 4. álfur
ゴ 1. diabaúlus, skōhsl, unhulþa, 2. *ljubaleisa
OE. 1. dēoful, 2. wiċċe, hægtesse, 3. scīn, scīnlāc, gāst, 4. ælf
ME. 1. devell, 2. wycche, hegge, sorceress, 3. gost, fantome, 4. elfe, fay, fairie

[注] demon < Gr. daímōn は theós を含むすべての超自然物を指したが，キリスト教以後悪魔の意味に下落した．

§111. 天国，地獄，極楽，迷信

エ 1.paradise, 2.hell, 3.(Buddhist)paradise, 4.superstition
ド 1.3.Paradies, 2.Hölle, 4.Aberglaube
オ 1.3.paradijs [ˈdɛis], 2.hel, 4.bijgeloof [ˈbɛixəloːf]
デ 1.3.paradis, 2.helvede, 4.overtro
ス 1.3.paradis, 2.helvete, 4.vidskepelse
ノ 1.3.paradis, 2.helvete, 4.overtro
ア 1.3.paradís, 2.helvíti, 4.hjátrú ("Nebenglaube")
ゴ 1.*waggs [waŋs] (ON. vangr 草原，牧場)
OE. 2.hell, 4.æfgælþ (af-galan "sing")
ME. 1.paradys, 2.hell, 4.supersticion

§112. 建物（家，庭，部屋，窓，ドア）

エ 1.house, 2.garden, 3.room, 4.window, 5.door
ド 1.Haus, 2.Garten, 3.Zimmer, 4.Fenster, 5.Tür
オ 1.huis, 2.tuin, 3.kamer, 4.venster, 5.deur [døːr]
デ 1.hus, 2.have, 3.stue, 4.vindue, 5.dør
ス 1.hus, 2.trädgård, 3.rum, 4.fönster, 5.dör
ノ 1.hus, 2.hage, 3.rum, 4.vindu, 5.dør
ア 1.hús, 2.garður, 3.herbergi, 4.gluggi, 5.dyr, hurð
ゴ 1.gards, razn, 2.aúrti-gards, 3.hēþjō, 4.auga-daúrō, 5.haúrds. OE. 1.hūs, ærn, 2.ortgeard, 3.cofa, 4.ēag-duru, 5.duru. ME. 1.hus, hous, 2.garden, 3.chambre, roume, 4.windowe, fenestre, 5.dore

[注] window の語源 wind-eye（風の目，nynorsk の vind-auga）は通風と採光のための穴を指した．ア 3.herbergi の用例：í húsinu eru fimm herbergi（家には5つ部屋がある）．

§113. 床，壁，屋根，鏡，トイレ

エ 1.floor, 2.wall, 3.roof, 4.mirror, 5.toilet [< toile 布]
ド 1.Fussboden, 2.Wand, 3.Dach, 4.Spiegel, 5.Toilette
オ 1.vloer, 2.muur, wand, 3.dak, 4.spiegel, 5.toilet
デ 1.gulv, 2.væg, 3.tag, 4.spejl, 5.toilet
ス 1.golv, 2.vägg, 3.tak [ta:k], 4.spegel, 5.toalett
ノ 1.gulv, golv, 2.vegg, 3.tak [ta:k], 4.speil, 5.toalett
ア 1.gólf, 2.veggur, 3.þak, 4.spegill, 5.salerni [< sal]
ゴ 3.hrōt, 4.skuggwa
OE. 1.flōr, 2.weall, wāg, 3.þæc, hrōf, 4.glæs
ME. 1.flore, 2.wall, 3.rofe, 4.mirour, glas
[注] mirror (mir-) も Spiegel (spec-) も「見る道具」.

§114. ベッド，テーブル，机，椅子

エ 1.bed, 2.table, 3.desk, writing table, 4.chair
ド 1.Bett, 2.Tisch, 3.Schreibtisch, 4.Stuhl
オ 1.bed [bɛt], 2.tafel, 3.schrijftafel, 4.stoel [stu:l]
デ 1.seng, 2.bord [bo:ˈɹ], 3.skrivebord, 4.stol
ス 1.bädd, säng, 2.bord [bu:d], 3.skrivbord, 4.stol [stu:l]
ノ 1.seng, 2.bord, 3.skrivebord, 4.stol
ア 1.rúm, 2.borð, 3.skifborð, 4.stóll [stoutl]
ゴ 1.lugrs, badi, 2.biuþs, mes, 4.stōls, sitls
OE. 1.bedd, 2.bord, bēod, 4.stōl
ME. 1.bed, 2.borde, table, 4.stole, chaire
[注] table の語源ラテン語 tabula は「板」で，ノルド諸語 bord「板」と共通している (go on board, blackboard). desk の語源ギリシア語 dískos は「円板」であった (discothèque).

§115. 電話，ラジオ，テレビ，冷蔵庫，機械

エ 1.telephone, 2.radio, 3.television, 4.refrigerator,
 5.machine 「5.Maschine
ド 1.Telefon, 2.Radio, 3.Fernsehen, 4.Kühlschrank,
オ 1.telefoon, 2.radio, 3.televisie, 4.koelkast, 5.machine
デ 1.telefon, 2.radio, 3.fjernsyn, 4.køleskab, 5.maskine
ス 1.telefon, 2.radio, 3.television, 4.kylskåp, 5.maskin
ノ 1.telefon, 2.radio, 3.fjernsyn, 4.kjøleskap, 5.maskin
ア 1.sími, 2.útvarp, 3.sjónvarp, 4.kæliskápur, 5.vél(欺瞞)

[注] これら近代文明の利器はすべて20世紀の産物である．ア sími（電話）の原義は「ひも」，「ラジオ」は「外に投げること」，「テレビ」は「映像を投げること」，varp = ドイツ語 werfen. 「投げる」は「放映する」（エ cast）である．ド以下 Fernsehen は「遠くのものを見ること」．

§116. 衣服，ドレス，背広，シャツ，スカート

エ 1.clothes, 2.dress, 3.suit, 4.shirt, 5.skirt
ド 1.Kleider, 2.Kleid, 3.Anzug, 4.Hemd, 5.Rock
オ 1.kleren, 2.jurk, 3.kostuum, pak, 4.hemd, 5.rok
デ 1.klæder, 2.kjole, 3.jakkesæt, 4.skjorte, 5.nederdel
ス 1.kläder, 2.klänning, 3.dräkt, kostym, 4.skjorta, 5.rock
ノ 1.kjoler, 2.kjole, 3.drakt, 4.skjorte, 5.skjørt
ア 1.föt, 2.kjóll, 3.jakkaföt, 4.skyrta, 5.pils
ゴ 1.wastjōs, snaga (Gewand, Mantel), 2.wasti, gafēteins (Kleidung), 4.paida 下着 (Unterkleid)
OE. 1.clāþes, 4.serc, scyrte, hemeþe
ME. 1.clothes, 4.sherte, 5.skyrt

§117. オーバー，ズボン，パンツ，靴下(長)，(短)

エ 1.overcoat, 2.trousers, 3.pants, 4.stockings, 5.socks
ド 1.Mantel, 2.Hosen, 3.Unterhose, 4.Strumpf, 5.Socke
オ 1.mantel, 2.broeken, 3.onderbroek, 4.kous, 5.sok
デ 1.frakke, 2.bukser, 3.underbukser, 4.strømpe, 5.sok
ス 1.(Männer) överrock, (Frauen) kappa, 2.byxor, 3.byxor, kalsonger, 4.strumpa, 5.halvstrumpa, sock(a)
ノ 1.(Herren) frakk, (Damen) kåpe, 2.bukser, 3.underbukser, 4.strømpe, 5.sokk
ア 1.kápa, yfirhöfn, 2.buksur, 3.nærbuksur, 4.sokkur, 5.sokkur, háleistur
ゴ 1.hakuls, snaga. OE. 2.brēc (pl. of brōc), 4.5.hosa. ME. 2.brech (ModE. breeches), 4.5.hose, socke

[注] stockings も socks も「靴下」は日本語の語彙が乏しい．

§118. 靴，スリッパ，ハンカチ，手袋，帽子

エ 1.shoes, 2.slippers, 3.handkerchief, 4.glove, 5.hat, cap
ド 1.Schuh, 2.Pantoffel, 3.Taschentuch, 4.Handschuh, 5.Hut, Mütze
オ 1.schoen, 2.pantoffel, 3.zakdoek [zak = sack, cf. rucksack], 4.handschoen, 5.hoed, muts
デ 1.sko, 2.tøffel, 3.lommetørklæde, 4.handske, 5.hat, hue
ス 1.sko, 2.toffel, 3.näsduk, 4.handske, 5.hatt, mössa
ノ 1.sko, 2.tøffel, 3.lommetørkle, 4.hanske, 5.hatt, lue
ア 1.skór, 2.inniskór, 3.vasaklútur, 4.hanski, 5.hattur, húfa
ゴ 1.skōhs 履物　　　OE. 1.scōh, 4.glōf, 5.hætt, cæppe
ME. 1.sho, 4.glove, 5.hat, cappe

§119. ポケット，指輪，タオル，石鹸，櫛

エ 1.pocket, 2.ring, 3.towel, 4.soap, 5.comb
ド 1.Tasche, 2.Ring, 3.Handtuch, 4.Seife, 5.Kamm
オ 1.zak, 2.ring, 3.handdoek, 4.zeep, 5.kam
デ 1.lomme, 2.ring, 3.håndklæde, 4.sæbe, 5.kam
ス 1.ficka, 2.ring, 3.handduk, 4. tvål, såpa, 5.kam
ノ 1.lomme, 2.ring, 3.håndkle, 4.såpe, 5.kam
ア 1.vasi, 2.hringur, baugur, 3.handklæði, 4.sápa, 5.greiða
ゴ 2.*hrings, figgra-gulþ ("finger-gold"), 3.aurali (汗拭)
OE. 2.hring, 3.handclaþ, 4.sāpe, lēaþor (=lather), 5.camb
ME. 1.poket, pouche, 2.ring, 3.towaille, 4.sope, 5.comb
[注] ゴ *hrings はフィンランド語 rengas(指輪)に借用される．

§120. 身体，頭，顔，手，足

エ 1.body, 2.head, 3.face, 4.hand, 5.foot
ド 1.Körper, 2.Kopf, 3.Gesicht, 4.Hand, 5.Fuss
オ 1.lichaam, 2.hoofd, 3.gezicht, 4.hand, 5.voet [fu:t]
デ 1.legeme [ˈleːəmə], 2.hoved, 3.ansigt, 4.hånd, 5.fod
ス 1.kropp, 2.huvud, 3.ansikte, 4.hand, 5.fot
ノ 1.legeme, 2.hode, 3.ansikt, 4.hånd, 5.fot
ア 1.líkami, 2.höfuð, 3.andlit, 4.hönd, 5.fótur
ゴ 1.leik [liːk], 2.haubiþ, 3.ludja, 4.handus, 5.fōtus
OE. 1.līchama, 2.hēafod, hafela, 3.ansyn, andwlīta, 4.hand, mund, 5.fōt　ME. 1.body, cor(p)s, likam(e), 2.heved, hed, 3.face, 4.hand, 5.fote

[注] ド Körper < ラ corpus (スは r-metathesis). オ lichaam [ˈlixaːm] < lic 身体, haam 包むもの．ド Leichnam は死体．

§121. 目，眼鏡，耳，口，脚

エ 1.eye, 2.eyeglasses, 3.ear, 4.mouth, 5.leg
ド 1.Auge, 2.Brille, 3.Ohr, 4.Mund, 5.Bein
オ 1.oog, 2.bril, 3.oor, 4.mond, 5.been
デ 1.øje, 2.briller, 3.øre, 4.mund, 5.ben
ス 1.öga, 2.glasögon, 3.öra, 4.mun, 5.ben
ノ 1.øye, 2.briller, 3.øre, 4.munn, 5.ben
ア 1.auga, 2.gleraugu, 3.eyra, 4.munnur, 5.fótur, (fót)-leggur
ゴ 1.augō, 3.ausō, 4.munþs
OE. 1.ēage, 3.ēare, 4.mūþ, 5.sceanca（膝の下 „shank"）, scīa.　ME. 1.ege (eghe, eye), 3.ere, 4.mouthe, 5.leg

[注] Brille < ラテン語 beryllus < ギリシア語 béryllos 緑柱石（これを眼鏡の玉に用い，後に水晶，ガラスを用いた）

§122. 歯，唇，舌，髭，鼻

エ 1.tooth, 2.lip, 3.tongue, 4.beard, 5.nose
ド 1.Zahn, 2.Lippe, 3.Zunge, 4.Bart [baːrt], 5.Nase
オ 1.tand, 2.lip, 3.tong, 4.baard, 5.neus [nøːs]
デ 1.tand, 2.læbe, 3.tunge, 4.skæg, 5.næse
ス 1.tand, 2.läpp, 3.tunga, 4.skägg [ʃägg], 5.näsa
ノ 1.tann, 2.leppe, 3.tunge, 4.skjegg [ʃɛgg], 5.nese
ア 1.tönn, 2.vör (cf. lat. verrūca), 3.tunga, 4.skegg, 5.nef
ゴ 1. tunþus, 2.waírilōm (dat. pl.), 3.tuggō
OE. 1.tōþ, 2.weler, lippa, 3.tunge, 4.beard, 5.nosu
ME. 1.tothe, 2.lippe, 3.tounge, 4.berd, 5.nose

[注] ア nef "nasenbein, nase", cf. OE. nebb "nase, schnabel"

§123. 首，胸，心，手の指，足の指

エ 1.neck, 2.breast, 3.heart, 4.finger, 5.toe
ド 1.Hals, 2.Brust, 3.Herz, 4.Finger, 5.Zehe
オ 1.hals, 2.borst, 3.hart, 4.vinger, 5.teen (pl. tenen)
デ 1.hals, 2.bryst [ø], 3.hjerte, 4.finger, 5.tå (pl. tæer)
ス 1.hals, 2.bröst, 3.hjärta, 4.finger, 5.tå (pl. tår)
ノ 1.hals, 2.bryst, 3.hjerte, 4.finger, 5.tå (pl. tær)
ア 1.háls, 2.brjóst, 3.hjarta, 4.fingur, 5.tár (pl. tær)
ゴ 1.hals, 2.brusts, 3.haírtō, 4.figgrs
OE. 1.heals, swēora, 2.brēost, 3.heorte, 4.finger, 5.tā
ME. 1.hals, swere, necke, 2.breste, 3.herte, 4.finger, 5.to
[注] heart には心 (my sweetheart, learn by heart) と心臓の意味がある．ラテン語 pectus (胸，心臓) に対し mamma, mamilla は女性の胸を指す．angina pectoris 狭心症．

§124. 胃，腹，肝臓，膝，汗

エ 1.stomach, 2.belly, 3.liver, 4.knee, 5.sweat
ド 1.Magen, 2.Bauch, 3.Leber, 4.Knie, 5.Schweiss
オ 1.maag, 2.buik, 3.lever, 4.knie, 5.zweet
デ 1.mave, 2.mave, 3.lever, 4.knæ, 5.sved
ス 1.mage, 2.buk, mage, 3.lever, 4.knä, 5.svett
ノ 1.mage, 2.buk, mage, 3.lever, 4.kne, 5.svette
ア 1.mage, 2.buk, mage, 3.lever, 4.kne, 5.svette
ゴ 1.2.suþn (-s?), qiþus, wamba, 4.kniu
OE. 1.2.wamb, maga, 3.lifer, 4.cnēo(w), 5.swāt
ME. 1.2.wombe, belli, 3.liver, 4.kne, 5.swot, swet
[注] stomach < Gr. stómakhos < stóma 口，ド stimme と同根．

§125. 健康，健康な，元気だ，病気，病気の

エ 1. health, 2. healthy, 3. I'm well, 4. illness, 5. ill
ド 1. Gesundheit, 2. gesund, 3. es geht mir gut, 4. Krankheit,
5. krank ⌈5. ziek
オ 1. gezondheid, 2. gezond, 3. het gaat me goed, 4. ziekte,
デ 1. sundhed, helbred, 2. sund, rask, 3. jeg har det godt,
4. sygdom, 5. syg [e. sick]
ス 1. hälsa, 2. sund, frisk, 3. jag mår bra, 4. sjukdom, 5. syk
ノ 1. helse, 2. sunn, frisk, 3. jeg har det bra, 4. sykdom, 5. syk
ア 1. heilsa, 2. heilbrigður, heill, 3. ég hef það gott, 4. sótt
[souht], 5. sjúkur. ゴ 2. hails, 4. siukei, saúhts, 5. siuks
OE. 1. hælþ, hælo, hæl, 2. hāl, gesund, 4. suht, sēocness, ādl,
5. sēoc. ME. 1. helthe, 2. hole, hale, (i)sunde, 4. sikness,
disese, 5. sik(e), sek(e)

§126. 疲れた，盲目の，つんぼの，おしの，びっこの

エ 1. tired, 2. blind, 3. deaf, 4. dumb, 5. lame, crippled
ド 1. müde, 2. blind, 3. taub, 4. stumm, 5. lahm, hinkend
オ 1. moede, 2. blind, 3. doof, 4. stom, 5. kreupel, lam
デ 1. træt, 2. blind, 3. døv, 4. stum, 5. lam, halt
ス 1. trött, 2. blind, 3. döv, 4. stum, 5. lam, halt
ノ 1. trett, 2. blind, 3. døv, 4. stum, 5. lam, halt ⌈haltur
ア 1. þreyttur, 2. blindur, 3. daufur, 4. dumbur, 5. máttlaus,
ゴ 1. afmauiþs, 2. blinds, 3. daubs, 4. bauþs, dumbs, 5. halts
OE. 1. wērig, mēþe, 2. blind, 3. dēaf, 4. dumb, 5. healt (lama)
ME. 1. weri, tyred, 2. blind, 3. deaf, 4. dumb, 5. halt, lame
[注] blind はゲルマン語共通, blend(目をくらませる)の pp.

§127．空腹，空腹の，渇き，のどの渇いた

エ 1.hunger, 2.hungry, 3.thirst, 4.thirsty
ド 1.Hunger, 2.hungrig, 3.Durst, 4.durstig
オ 1.honger, 2.hongerig, 3.dorst, 4.dorstig
デ 1.sult, 2.sulten, 3.tørst, 4.tørstig
ス 1.hunger, 2.hungrig, 3.törst, 4.törstig
ノ 1.sult, 2.sulten, 3.tørst, 4.tørst (jeg er tørst)
ア 1.hungur, sultur, 2.hungraður, soltinn, 3.þorsti, 4.ég er þyrstur (I am thirsty)
ゴ 1.hūhrus, grēdus, 2.grēdags, 3.þaústei, 4.afþaúrsiþs
OE. 1.hungor, 2.hungrig, 3.þurst,þyrst, 4.þyrstig, þurstig
ME. 1.hunger, 2.him hungrede (=he was hungry), 3.thurst, thirst, 4.thursted him (=he was thirsty)
[注] I am hungry = ド ich habe Hunger/ich bin hungrig.

§128．大きい，小さい，背が高い，背が低い

エ 1.large, big, 2.small, little, 3.tall, 4.short
ド 1.gross [gro:s], 2.klein, 3.gross, 4.klein
オ 1.groot, 2.klein, 3.groot, 4.kort ("short")
デ 1.stor, 2.lille, 3.høj [hɔi], 4.lille
ス 1.stor, 2.liten, 3.stor, 4.liten
ノ 1.stor, 2.liten, 3.høy, 4.liten (av vekst)
ア 1.stór, 2.lítill, 3.hár ("high"), 4.lágvaxinn
ゴ 1.mikils, 2.leitils (smals), 3.mikils
OE. 1.micel, 2.lytel, smæl, 3.long, 4.sčeort
ME. 1.mikel, grete (bigg), 2.litel, smal, 3.long, 4.schort
[注] ド er ist gross = he is big, he is tall.

§129. 長い，短い，高い，低い，深い，浅い

エ 1.long, 2.short, 3.high, 4.low, 5.deep, 6.shallow
ド 1.lang, 2.kurz, 3.hoch, 4.niedrig, 5.tief, 6.seicht
オ 1.lang, 2.kort, 3.hoog, 4.laag, 5.diep, 6.ondiep
デ 1.lang, 2.kort, 3.høj, 4.lav, 5.dyb, 6.lav
ス 1.lång, 2.kort, 3.hög, 4.låg, 5.djup [juːp], 6.grund
ノ 1.lang, 2.kort, 3.høy, 4.lav, 5.dyp, 6.grunn
ア 1.langur, 2.stuttur, 3.hár, 4.lágur, 5.djúpur, 6.grunnur
ゴ 1.laggs(nur von der Zeit), 2.leitils, 3.hauhs, 5.diups
OE. 1.long, 2.sċeort, 3.hēah, 4.niþerlīċ, 5.dēop, 6.sċeald
ME. 1.long, 2.schort, 3.heigh, 4.lah, 5.deep, 6.schold, schalowe　[注] ラ altus = high, deep (山は高い，川は深い)．「浅い」はオ「深くない」，ス・ノ・アは「底が見える」．OE. dēop cēap "high price" (cheap はド kaufen 買うと同源)

§130. 広い，狭い，新しい，古い

エ 1.wide, broad, 2.narrow, 3.new, 4.old
ド 1.weit, breit, 2.eng, 3.neu, 4.alt
オ 1.wijd, ruim, 2.eng, nauw, 3.nieuw [niːu], 4.oud [ɑut]
デ 1.vid, bred, 2.snæver, 3.ny, 4.gammel
ス 1.vid, rymlig, bred, 2.trång, smal, 3.ny, 4.gammal
ノ 1.vid, stor, bred, 2.trang, 3.ny, 4.gammel
ア 1.víður, breiður, 2.þröngur, mjór, 3.nýr, 4.gamall
ゴ 1.braiþs, rums, 2.aggwus, 3.niujis, 4.faírneis, alþeis, sineigs　OE. 1.brād, wīd, 2.nearu, enge, smæl, 3.nīwe, 4.eald, gamol　ME. 1.brood, wid, 2.narowe, streit, smal, 3.newe, 4.old　[注]「広い」は「大きい」でも表される．

§131. 若い，年老いた，早い，遅い，速い，遅い

エ 1.young, 2.old, 3.early, 4.late, 5.quick, fast, 6.slow
ド 1.jung, 2.alt, 3.früh, 4.spät, 5.schnell, 6.langsam
オ 1.jong, 2.oud, 3.vroeg, 4.laat, 5.vlug, snel, 6.langzaam
デ 1.ung, 2.gammel, 3.tidlig, 4.sen, 5.hurtig, 6.langsom
ス 1.ung, 2.gammal, 3.tidlig, 4.sen, 5.hastig, 6.långsam
ノ 1.ung, 2.gammel, 3.tidlig, 4.sen, 5.snar, hurtig, 6.langsom. ア 1.ungur, 2.gamall, 3.tímanlegur, 4.seinn, 5.fljótur, skjótur, 6.hægur.
ゴ 1.juggs, 2.sineigs, 3.air, 4.seiþus, 5.sprautō (adv.)
OE. 1.ġeong, 2.eald, gamol, 3.ǣr, ārlīċe (adv.), 4.sīþ, late, 5.hræd, swift, snel(l), 6.læt, sæne   ME. 1.yong, 2.old, 3.er(e), erliche, erli, 4.late, 5.swift, rad, snel, spede, 6.slow, lat
[注] 日本語は old (man) と old (house) を区別する．

§132. 明るい，暗い，暑い，暖かい

エ 1.light, 2.dark, 3.hot, 4.warm
ド 1.hell, 2.dunkel, 3.heiss, 4.warm
オ 1.licht, 2.donker, 3.heet, 4.warm
デ 1.lys, 2.mørk, 3.hed, varm, 4.varm
ス 1.ljus [ju:s], 2.mörk, 3.het, varm, 4.varm
ノ 1.lys, 2.mørk, 3.het, varm, 4.varm
ア 1.ljós, bjartur, 2.dimmur, óljós, 3.heitur, 4.hlýr, heitur
ゴ 1.baírhts, 2.riqizeins, 3.4.*warms
OE. 1.lēoht, 2.deorc, 3.hāt, 4.wearm
ME. 1.light, 2.derk, 3.hoot, 4.warm
[注] hot と warm の領域がデ・ス・ノ語で揺れている．

§133. 寒い，涼しい，重い，軽い

エ 1.cold, 2.cool, 3.heavy, 4.light
ド 1.kalt, 2.kühl, 3.schwer, 4.leicht
オ 1.koud [kɑut], 2.koel [ku:l], 3.zwaar, 4.licht
デ 1.kold, 2.kølig, 3.tung, 4.let
ス 1.kall, 2.kylig, 3.tung, 4.lätt
ノ 1.kald, 2.kjølig, 3.tung, 4.lett
ア 1.kaldur, 2.svalur, 3.þungur, 4.léttur
ゴ 1.kalds, 3.kaúrus, 4.leihts
OE. 1.ceald, 2.cōl, 3.swær, hefig, 4.lēoht
ME. 1.cold, 2.cole, 3.hevi, 4.light

[注]（1）cold は cool の過去分詞形（old の -d も同じ）．（2）light 明るい < *leuk-, ラ lūx；light 軽い < *legwh-, ラ lēvis.

§134. 甘い，塩辛い，おいしい，まずい

エ 1.sweet, 2.salt, salty, 3.nice, tastes good, 4.not good
ド 1.süss [zy:s], 2.salzig, 3.schmeckt gut, 4.schmeckt nicht
オ 1.zoet [zu:t], 2.zout [zɑut], 3.smaakt goed, 4.smaakt niet
デ 1.sød, 2.salt, 3.smager godt, 4.smager ikke
ス 1.söt, 2.salt, 3.smaker gott, 4.smaker inte
ノ 1.søt, 2.salt, 3.smaker godt, 4.smaker ikke
ア 1.sætur, 2.saltur, 3.það er gott bragð, 4.ekki gott
ゴ 1.sūts, 2.salt（塩）
OE. 1.swēte, swōt, 2.sealt, 3.(byrigan "to taste")
ME. 1.swete, sote, 2.salt, 3.smakkeþ

[注]（1）sweet < *svādu-.（2）salt < *sal-d（ギ hals, ラ sāl）salt と salty がオランダ語以下三言語同じ．

§135. やさしい，むずかしい，面白い，つまらない

エ 1.easy, 2.difficult, 3.interesting, 4.boring, dull
ド 1.leicht, 2.schwierig, 3.interessant, 4.langweilig
オ 1.gemakkelijk, 2.moeilijk, 3.interessant, 4.vervelend
デ 1.let, 2.vanskelig, 3.interessant, 4.kedelig
ス 1.lätt, 2.svår, 3.intressant, 4.tråkig [tråka 退屈させる]
ノ 1.lett, 2.vanskelig, 3.interessant, 4.kjedelig
ア 1.hægur, 2.erfiður, 3.áhugaverður, 4.leiðinlegur
ゴ 1.azētizō (comp.), 2.aglus

OE. 1.ēaþe, ēaþelīċ, 2.earfoþe, unēaþe, 3.gecwēme, 4.ungecwēme. ME. 1.ethe, light, esy, 2.hard, difficile, 3.agreable, 4.unsavory. ［注］difficult = not easy (OE. 1.2.).「つまらない」＝「おもしろくない」でもよい．

§136. いそがしい，ひまな（自由な），有意義な

エ 1.I am busy, 2.free, 3.useful
ド 1.ich habe keine Zeit, 2.frei, 3.nützlich
オ 1.ik ben druk [əgbɛn drœk], 2.vrij, 3.nuttig, van nut
デ 1.jeg har travlt, 2.fri, 3.nyttig
ス 1.jag har ont om tid, 2.fri, ledig, 3.nyttig
ノ 1.jeg har det travelt, 2.fri, 3.nyttig
ア 1.ég hef ekki tíma, 2.óbundinn, 3.nytsamlegur
ゴ 2.freis, 3.brūks

OE. 1.bisiġ, bysiġ (æfter bōcum), 2.æmettig, 3.nyttlič
ME. 1.büsi, besy, busy, 2.free
［注］「いそがしい」は I have many things to do, I have no time などもある．イタリア語 ho molto da fare.

§137. 多い, 少ない, より多い, より少ない, まるい

エ 1.many, much, 2.few, 3.more, 4.less, 5.round
ド 1.viel, 2.wenig, 3.mehr, 4.weniger, 5.rund
オ 1.veel, 2.weinig, 3.meer, 4.minder, 5.rond
デ 1.mange, meget, 2.få, lidt, 3.mere, flere, 4.mindre, 5.rund
ス 1.många, mycket, 2.få, liten, 3.mera, flera, 4.mindre, färre, 5.rund.　ノ 1.mange, mye, 2.få, lite, litt, 3.mer, flere, 4.mindre, færre, 5.rund.　ア 1.margir, margt, 2.fáir, lítill, 3.meir(a), fleiri, 4.færri, minni, 5.kringlóttur.
ゴ 1.managai, filu, 2.fawai, leitil, 3.managiza, 4.fawiza.
OE. 1.monige, micel, 2.fēawe, lytel, 3.mā, 4.læs, 5.sintryndel ("one circle")　ME. 1.monie, muchel, 2.fewe, litel, 3.mo, more, 4.lesse, 5.round
[注] round ＜ ラ rotundus ＜ rota 車, 車輪（人類の大なる発見）

§138. 全部の, 半分の, 一杯の, 空の

エ 1.all, 2.half, 3.full, 4.empty [＜ ǣmetta 暇]
ド 1.alle (pl.以下同), 2.halb, 3.voll, 4.leer
オ 1.alle, 2.half, 3.vol, 4.leeg
デ 1.alle, 2.halv [hal'], 3.fuld [ful'], 4.tom
ス 1.alla, 2.halv, 3.full, 4.tom
ノ 1.alle, 2.halv, 3.full, 4.tom
ア 1.allir (m. pl.), 2.hálfur, 3.fullur, 4.tómur
ゴ 1.allai (m. pl.), 2.halbs, 3.fulls, 4.laus
OE. 1.ealle, 2.healf, 3.full, 4.īdel, tōm, (ge)lǣre
ME. 1.alle, 2.half, 3.ful, 4.em(p)ti, toom, idel, lere
[注] leer, cf. lesen（落穂を拾う）のあとの状態から.

§139. 色，赤い，白い，黒い

エ 1.color, 2.red, 3.white, 4.black
ド 1.Farbe, 2.rot, 3.weiss, 4.schwarz
オ 1.kleur [klø:r], 2.rood, 3.wit, 4.zwart
デ 1.farve, 2.rød, 3.hvid [vi:ð], 4.sort
ス 1.färg [färj], 2.röd, 3.vit, 4.svart
ノ 1.farge, 2.rød, 3.hvit, 4.svart
ア 1.litur, 2.rauður, 3.hvítur, 4.svartur
ゴ 1.wlitus, 2.rauþs, 3.hweits, 4.swarts
OE. 1.blēo, hīw, 2.rēad, 3.hwīt, 4.blæc, sweart
ME. 1.colour, ble, hew, 2.reed, 3.whit, 4.blak, swart
[注] 1.オ kleur ＜ フ couleur. 2.white から wheat（小麦）が作られた．black は英語だけがゲルマン語中の異語（heterogloss）になっている．

§140. 緑，青，黄色，ピンク

エ 1.green, 2.blue, 3.yellow, 4.pink
ド 1.grün, 2.blau, 3.gelb, 4.rosa (farbig)
オ 1.groen [xru:n], 2.blauw, 3.geel, 4.roze, rooskleurig
デ 1.grøn, 2.blå, 3.gul, 4.rosa, rosenrød
ス 1.grön, 2.blå, 3.gul, 4.skär, rosa
ノ 1.grønn, 2.blå, 3.gul, 4.rosa, rosenrød
ア 1.grænn, 2.blár, 3.gulur, 4.rósrauður, bleikur
OE. 1.grēne, 2.blǣwen (light blue), hǣwen, 3.geolo
ME. 1.green, 2.blew, 3.yelwe
[注] 3.yellow, gelb etc. ラ helvus "honiggelb" と同根．ア bleikur "hellrot, bleich".

§141. 茶色（褐色），灰色；華やかな，地味な

エ 1.brown, 2.gray, grey, 3.brilliant, 4.plain, simple
ド 1.braun, 2.grau, 3.prächtig, 4.schlicht, bescheiden
オ 1.bruin, 2.grijs, grauw, 3.prachtig, 4.eenvoudig, sober
デ 1.brun, 2.grå, 3.prægtig, 4.enkel
ス 1.brun, 2.grå, 3.präktig, 4.enkel
ノ 1.brun, 2.grå, 3.prektig, gild, 4.enkel
ア 1.brúnn, 2.grár, 3.skrautlegur, ágætur, 4.einfaldur
OE. 1.brūn, 2.græġ, 3.glædlic, rōt, 4.unrīċelic
ME. 1.browne, 2.grai

[注] Browning, Wilhelm Braune, Charles Le Brun は髪の毛，目，皮膚が褐色だったことからこの名で呼ばれた（上記は詩人，ゲルマン語学者，画家．Browning は Brown 一族の人）．Greenland を発見した Erik the Red 赤毛のエリク．

§142. よい，わるい，正しい，間違った

エ 1.good, 2.bad, 3.right, correct, 4.wrong
ド 1.gut, 2.schlecht, 3.richtig, 4.falsch
オ 1.goed, 2.slecht, 3.juist [jœyst], 4.verkeerd, fout
デ 1.god, 2.dårlig, 3.rigtig, 4.forkert
ス 1.god, bra, 2.dålig, illa, 3.riktig, rätt, 4.falsk, oriktig
ノ 1.god, 2.dårlig, 3.riktig, 4.falsk, gal
ア 1.góður, 2.vondur, lélegur, 3.réttur, 4.rangur
ゴ 1.gōþs,þiuþeigs, 2.ubils, 3.garaíhts, 4.galiuga-（複合語）
OE. 1.gōd, 2.yfel (earg), 3.riht, 4.wrang（名詞）
ME. 1.gode, 2.uvel, ill, badde, 3.rigt, right, 4.wrang, wrong
[注] good はゲルマン語共通だが，bad は異なっている．

§143. 幸福な，不幸な，美しい，醜い

エ　1.happy, 2.unhappy, 3.beautiful, 4.ugly
ド　1.glücklich, 2.unglücklich, 3.schön, 4.hässlich
オ　1.gelukkig, 2.ongelukkig, 3.mooi, 4.lelijk
デ　1.lykkelig, 2.ulykkelig, 3.smuk, skøn, 4.grim
ス　1.lycklig, 2.olycklig, 3.skön, vacker, 4.ful, stygg
ノ　1.lykkelig, 2.ulykkelig, 3.pen, vakker, 4.stygg, fæl
ア　1.hamingjusamur, 2.óhamingjusamur, 3.fagur, 4.ljótur
ゴ　1.audags, 3.skauns
OE. 1.gesǣlig, ēadig, 2.unsǣlig, 3.wlitig, 4.unwlitig, unfæger.　ME. 1.seli, 3.faire, shene, 4.ugli, unfaire
[注] 美しい，醜いなどの感情語は言語間の相違が大きい．happy の語幹は happen, perhaps, haphazard に見える．

§144. 賢い，愚かな，静かな，騒がしい

エ　1.wise, clever, 2.foolish, 3.quiet, 4.noisy
ド　1.klug, 2.dumm, 3.ruhig, 4.geräuschvoll
オ　1.verstandig, 2.dom, 3.rustig, 4.lawaaierig
デ　1.klog, 2.dum, 3.rolig, 4.støjende
ス　1.klok, 2.dum, 3.lugn, stilla, 4.bullersam
ノ　1.klok, 2.dum, 3.rolig, 4.bråket(e)
ア　1.hygginn, 2.heimskur, 3.kyrr, rólegur, 4.hávær
ゴ　1.frōþs, 2.unfrōþs, dwals, 3.*rimis（Ruhe）
OE. 1.wīs, frōd, 2.dysig, stunt, 3.rōw, stille, 4.breahtm（名詞）
ME. 1.wise, 2.fol, folish, 3.quyet(e), stille, 4.nois（名詞）
[注] wise は wit（機知），to wit（すなわち），ギ oîda（I know），サンスクリット語 veda（知識）と同根．

§145. する，なる，作る，生まれる

エ 1.do, 2.become, 3.make, 4.I was born
ド 1.tun, machen, 2.werden, 3.machen, 4.ich bin geboren
オ 1.doen, 2.worden, 3.maken, 4.ik ben geboren
デ 1.gøre, 2.blive, 3.lave, 4.jeg er født
ス 1.göra, 2.bliva, 3.göra, 4.jag är född
ノ 1.gjøre, 2.blive, 3.lage, 4.jeg er født
ア 1.gera, 2.verða, 3.gera, 4.ég er fæddur (女性は fædd)
ゴ 1.(ga)taujan, 2.waírþan, 3.waúrkjan, 4.waírþan
OE. 1.dōn, (ge)wyrcan, 2.weorþan, becuman, 3.macian, 4.iċ was boren.　ME. 1.do(ne), 2.worthe, become, 3.make, wirche, 4.she was born

[注] What are you doing? = ド Was machen Sie?　デ jeg er født (< føde 生む，エ food, feed, *pā- "protect, feed")

§146. 死ぬ，殺す，犯罪，罪

エ 1.die, 2.kill, 3.crime, 4.sin
ド 1.sterben, 2.töten, 3.Verbrechen, 4.Sünde
オ 1.sterven, 2.doden, 3.misdaad, 4.zonde
デ 1.dø, 2.dræbe, 3.forbrydelse, 4.synd
ス 1.dö, 2.döda, 3.förbrytelse, 4.synd
ノ 1.dø, 2.drepe, 3.forbrytelse, 4.synd
ア 1.deyja, 2.drepa, 3.glæpur, 4.synd
ゴ 1.(ga)swiltan, gadauþnan, 2.(ga)dauþjan, afdauþjan, usqiman, 3.(inwindiþa), 4.missadēþs, frawaúrhts
OE. 1.sweltan, steorfan, cwelan, 2.cwellan, slēan, 3.mān(dǣd), firen, 4.syn(n)　ME. 1.deye, swelte, sterve, quele, 2.sley, culle, quelle, 3.crime, misdede, 4.sinne

§147. 起きる，寝る，休む，働く

エ 1.get up, 2.sleep, 3.rest, take a rest, 4.work
ド 1.aufstehen, 2.schlafen, 3.ruhen, 4.arbeiten
オ 1.opstaan, 2.slapen, 3.rusten, 4.werken
デ 1.stå op, 2.sove, 3.hvile (sig), 4.arbejde
ス 1.stiga upp, 2.sova, 3.vila, 4.arbeta
ノ 1.stå opp, 2.sove, 3.hvile, 4.arbeide
ア 1.fara á fætur, 2.sofa, 3.hvílast, 4.vinna
ゴ 1.urreisan, 2.(ga)slēpan, 3.gahweilan sik, 4.arbaidjan
OE. 2.slǣpan, swefan, 3.restan, 4.wyrcan
ME. 2.slepe, 3.reste, 4.worcke

[注] Bernard Pottier, Présentation de la linguistique (Paris, 1967) の chrono-expérience によると，起きる → 働く → 寝る (je me lève, je travaille, je me couche) である．

§148. 夢見る，夢，睡眠

エ 1.dream, 2.dream, 3.sleep
ド 1.träumen, 2.Traum, 3.Schlaf
オ 1.dromen, 2.droom, 3.slaap
デ 1.drømme, 2.drøm, 3.søvn
ス 1.drömma, 2.dröm, 3.sömn
ノ 1.drømme, 2.drøm, 3.søvn
ア 1.dreyma (I dream = mig dreymir), 2.draumur, 3.svefn
ゴ 3.slēps   OE. 2.swefn, mǣting, 3.slǣp, swefn
ME. 2.sweven, drem(e), meting, 3.slepe

[注] I dream を古くは it dreams me と言った．ドイツ語は ich träume と古風な es träumt mir がある．夢を見るのは人間の意志ではなく，超自然的な意志が働くのである．

§149. 読む，書く，読書，本屋，図書館

エ 1.read, 2.write, 3.reading, 4.bookstore, 5.library
ド 1.lesen, 2.schreiben, 3.das Lesen, Lektüre,
　　4.Buchhandlung, 5.Bibliothek.　　オ 1.lezen,
　　2.schrijven, 3.lezing, 4.boekwinkel, 5.bibliotheek
デ 1.læse, 2.skrive, 3.læsning, 4.boghandel, 5.bibliotek
ス 1.läsa, 2.skriva, 3.läsning, 4.bokhandel, 5.bibliotek
ノ 1.lese, 2.skrive, 3.lesning, 4.bokhandel, 5.bibliotek
ア 1.lesa, 2.skrifa, 3.lestur, 4.bókabúð, 5.bókasafn
ゴ 1.ussiggwan, 2.(ga)mēljan.　　OE. 1.rǣdan, 2.wrītan,
　　3.rǣding.　　ME. 1.rede, 2.write, 3.redinge, 4.lybrarye

[注] read の原義は（ルーン文字，夢，謎を）読み解く．write は英語のみが在来語，他はすべてラテン語からの借用語．

§150. 打つ，切る，着る，脱ぐ

エ 1.strike, 2.cut, 3.wear, 4.take off
ド 1.schlagen, 2.schneiden, 3.anziehen, 4.sich ausziehen
オ 1.slaan, 2.snijden, (mit Schere) klippen,
　　3.zich aankleden, 4.zich uitkleden
デ 1.slå, 2.skære, (鋏で) klippe, 3.tage på, 4.klæde sig af
ス 1.slå, 2.skära, klippa, 3.ta på(sig), klä på(sig), 4.klä av
ノ 1.slå, 2.skjære, klippe, 3.ta på, 4.ta av
ア 1.slå, 2.skera, klippa, 3.fara í, 4.fara úr
ゴ 1.slahan, 2.sneiþan, 3.wasjan, gawasjan sik,
　　4.andwasjan (entkleiden, tr.)

OE. 1.slēan, 2.snīþan, sċieran, 3.scrȳdan, 4.ongierwan
ME. 1.sleye, 2.schere, cutte, 3.were

[注] wear が着るなら，脱ぐは wear off と言えばよいのに．

§151. 建てる，建築，運転する，車

エ 1.build, 2.architecture, 3.drive, 4.car
ド 1.bauen, 2.Baukunst, 3.fahren, 4.Wagen, Auto
オ 1.bouwen, 2.bouwkunst, 3.rijden, 4.wagen
デ 1.bygge, 2.byggekunst, 3.køre, 4.bil
ス 1.bygga, 2.arkitektur, byggnadskonst, 3.köra, 4.bil
ノ 1.bygge, 2.bygningskunst, 3.kjøre, 4.bil
ア 1.smíða, byggja, 2.arkitektúr, byggingarlist, 3.aka, 4.bíll
ゴ 1.(ga)timrjan. OE. 1.timbran, timbrian, 2.timbrung
ME. 1.bylde, bilde, bulde, 2.timbrung
[注] architecture はギリシア語起源（architéktōn 建築家）．ギリシアの技術を学んだローマ人は舗装道路（via strāta）や橋（pōns, pontis）の建設を西欧各地で行った．

§152. 動く，走る，泳ぐ，沈む

エ 1.move, 2.run, 3.swim, 4.sink
ド 1.sich bewegen, 2.laufen, 3.schwimmen, 4.sinken
オ 1.zich bewegen, 2.lopen, 3.zwemmen, 4.zinken
デ 1.bevæge sig, 2.løbe, 3.svømme, 4.synke
ス 1.röra sig, 2.löpa, 3.simma, 4.sjunka
ノ 1.bevege seg, 2.løpe, 3.svømme, 4.synke
ア 1.hreyfast, 2.hlaupa, 3.synda, 4.sökkva
ゴ 1.gawagjan(tr.), gawigan(tr.), 2.rinnan, 4.(ga)sigqan
OE. 1.styrian, 2.irnan, rinnan, 3.swimman, 4.sincan
ME. 1.move, styre, 2.renne, 3.swymme, 4.sinke
[注] move のような基本語がラテン語から来ている．sich bewegen は道（Weg, way）に乗せるから動くの意味に．

§153. 浮かぶ，飛ぶ，跳ぶ，踊る

エ　1.float, 2.fly, 3.jump, leap, 4.dance
ド　1.schwimmen, 2.fliegen, 3.springen, 4.tanzen
オ　1.zwemmen, 2.vliegen, 3.springen, 4.dansen
デ　1.flyde, 2.flyve, 3.springe, 4.danse
ス　1.flyta, 2.flyga, 3.hoppa, springa, 4.dansa
ノ　1.flyte, 2.fly, 3.springe, hoppe, 4.danse
ア　1.fljóta, 2.fljúga, 3.stökkva, 4.dansa
ゴ　3.hlaupan, 4.plinsjan [aksl. plęsati]　　[[lat. saltāre]
OE. 1.flēotan, 2.flēogan, 3.hlēapan, springan, 4.sealtian
ME. 1.flete, flote, 2.fleie, 3.lepe, springe, 4.daunse
[注] ドイツ語の schwimmen が「泳ぐ」と「浮かぶ」の両方をカバーしている．

§154. 洗う，洗濯機，下着

エ　1.wash, 2.washing machine, 3.underwear
ド　1.waschen, 2.Waschmaschine, 3.Unterkleid
オ　1.wassen, 2.wasmachine, 3.ondergoed
デ　1.vaske, 2.vaskemaskine, 3.undertøj
ス　1.tvätta, vaska, 2.tvättmaskin, 3.underplagg
ノ　1.vaske, 2.maskemaskin, 3.undertøy
ア　1.þvo [got. þwahan], 2.þvottavél, 3.undirkjóll
ゴ　1.þwahan
OE. 1.þwēan, wascan, swilla
ME. 1.wasche, swyle
[注] Andersen の母は夫の死後，洗濯女 (vaskekone)として Odense 川で宮殿からの洗濯物を洗って生計を立てていた．

§155. 入る，出る，出発する，運ぶ

エ 1.enter, 2.go out, 3.start, leave, 4.carry
ド 1.hineingehen, 2.ausgehen, 3.abfahren, 4.tragen
オ 1.ingaan, 2.uitgaan, 3.vertrekken, 4.dragen
デ 1.komme ind, gå ind, 2.gå ud, 3.(af)rejse, 4.bære
ス 1.gå in, 2.gå ut, 3.(av)resa, 4.bära
ノ 1.gå inn, komme inn, 2.gå ut, 3.reise, dra, 4.bære
ア 1.ganga inn, 2.ganga út, 3.fara (af stað), 4.bera
ゴ 1.galieþan, inn(at)gaggan, 2.usgaggan, 4.dragan, beran
OE. 1.ingān, infaran, 2.gān ūt, 4.beran, ferian
ME. 1.entre, 2.gon out, 3.sterte, 4.bere, carie

[注] enter や carry のような基本語がフランス語から来ている．carry < car（ラテン語 carrus < ケルト語）

§156. 持って来る，送る，受け取る，盗む

エ 1.bring, 2.send, 3.receive, 4.steal
ド 1.mitbringen, 2.senden, 3.empfangen, 4.stehlen
オ 1.meebrengen, 2.zenden, 3.ontvangen, 4.stelen
デ 1.medbringe, 2.sende, 3.modtage, 4.stjæle
ス 1.medföra, ta med sig, 2.(av)sända, 3.mottaga, 4.stjäla
ノ 1.ta med, medbringe, 2.sende, 3.motta, 4.stjele
ア 1.koma með, taka með, 2.senda, 3.taka við, 4.stela
ゴ 1.briggan, 2.sandjan, 3.(and)niman, 4.hlifan, stilan
OE. 1.bringan, 2.sendan, 3.onfōn, 4.stelan
ME. 1.bringe, 2.sende, 3.take, 4.stele

[注] send < OE. sīþ（道）「道に乗せる」が原義．cf. フランス語 envoyer < via（道）．ゴ sandjan（-jan は denominative verb）

§157. 泥棒，貸す，借りる，返す

エ 1.thief, robber, 2.lend, 3.borrow, 4.return
ド 1.Dieb, Räuber, 2.leihen, 3.leihen, 4.zurückgeben
オ 1.dief, rover, 2.lenen, 3.lenen, 4.teruggeven
デ 1.tyv, røver, 2.udlåne, 3.låne, 4.give tilbage
ス 1.tjuv, rövare, 2.låna, 3.låna, 4.ge tillbaka
ノ 1.tyv, røver, 2.låne, 3.låne, 4.gi tilbake
ア 1.þjófur, ræningi, 2.lána, 3.lána, 4.skila
ゴ 1.þiufs, hliftus, 2.leihwan, 3.leihwan sis, 4.atgiban
OE. 1.þēof, 2.lǣnan, lēon, 3.borgian, 4.āgiefan
ME. 1.theef, robbour, 2.len(d)e, lane, 3.borwe, 4.gife again

[注] thief（泥棒）と robber（強盗）は古くは区別がなかった. leihen は貸す（ich leihe ihm ein Buch）と借りる（ich leihe von ihm ein Buch）があり，オランダ語以下も同様.

§158. 見つける，失くす，買う，売る，値段

エ 1.find, 2.lose, 3.buy, 4.sell, 5.price [フ prix]
ド 1.finden, 2.verlieren, 3.kaufen, 4.verkaufen, 5.Preis
オ 1.vinden, 2.verliezen, 3.kopen, 4.verkopen, 5.prijs
デ 1.finde, 2.miste, 3.købe, 4.sælge [ˈsɛljə], 5.pris
ス 1.finna, 2.förlora, mista, 3.köpa, 4.sälja, 5.pris
ノ 1.finne, 2.miste, 3.kjøpe, 4.selge, 5.pris
ア 1.finna, 2.glata, missa, 3.kaupa, 4.selja, 5.verð
ゴ 1.bigitan, finþan, 2.fraliusan, 3.bugjan, 4.frabugjan, 5.andawaírþi, waírþ (acc.).
OE. 1.findan, 2.forlēosan, 3.bycgan, 4.sellan, 5.weorþ.
ME. 1.finde, 2.lese, lose, 3.bugge, 4.selle, 5.pris, worth

[注] ド verlieren, verkaufen の ver- は"away" の接頭辞.

§159. 安い，高い，稼ぐ，給料

エ 1.cheap, 2.expensive, 3.earn, 4.pay, salary
ド 1.billig, 2.teuer, 3.verdienen, 4.Gehalt
オ 1.goedkoop (goedkoop is duurkoop 安物買いの銭失い), 2.duur, 3.verdienen, 4.gehalte
デ 1.billig, 2.dyr, 3.tjene, 4.løn. ス 1.billig, 2.dyr, 3.tjäna, 4.lön. ノ 1.billig, 2.dyr, 3.tjene, 4.lønn
ア 1.ódýr, 2.dýr, 3.vinna sér inn, 4.laun, kaup
ゴ 2.galaufs, 4.laun, mizdō
OE. 1.undēor, 2.dēore, 4.mēd, meord, lēan
ME. 1.good chepe, undere, 2.dere, 4.hire, wage(s), pay
[注] cheap ＜ ラ caupō (酒屋). chapman (売買する人, ド Kaufmann) も同じ語源. OE dēop cēap "high price"

§160. 市場，店，レストラン，銀行，劇場

エ 1.market, 2.store, shop, 3.restaurant, 4.bank, 5.theater
ド 1.Markt, 2.Laden, 3.Restaurant, 4.Bank, 5.Theater
オ 1.markt, 2.winkel, 3.restaurant, 4.bank, 5.theater
デ 1.marked, torv, 2.forretning, 3.restaurant, 4.bank, 5.teater
ス 1.torg, marknad, 2.butik, 3.restaurang, 4.bank, 5.teater
ノ 1.torg, 2.butikk, 3.restaurant, 4.bank, 5.teater
ア 1.markaður, torg, 2.búð, 3.veitingastaður, 4.banki, 5.leikhús ("Spielhaus")
ゴ 1.garuns. OE. 1.čēapstōw, marcet. ME. 1.market, 2.shoppe
[注] market は広場 (イ piazza, ス plaza, フ place, ド Platz) と同様ラテン語からの借用で，ヨーロッパ文明語．theater もギリシア語からの借用で，全欧に普及した．

§161. 見る，聞く，感じる，触れる

エ 1.see, 2.hear, 3.feel, 4.touch
ド 1.sehen, 2.hören, 3.fühlen, 4.berühren
オ 1.zien, 2.horen, 3.voelen, 4.aanraken
デ 1.se, 2.høre, 3.føle, 4.berøre
ス 1.se, 2.höra, 3.känna, 4.(vid)röra
ノ 1.se, 2.høre, 3.føle, 4.berøre, røre ved
ア 1.sjá, 2.heyra, 3.finna til, 4.snerta(st), koma við
ゴ 1.saíhwan, 2.(ga)hausjan, 3.tēkan, attēkan
OE. 1.sēon, 2.hīeran, 3.fēlan, 4.hrīnan, hreppan
ME. 1.seen, 2.here, 3.fele, taste, 4.touche, rine, repe

[注] ス känna は知る（ド kennen）から感じる（触覚により知る）に変化した．ア koma við「かたわらに来る」

§162. 考える，反省する，覚える，忘れる

エ 1.think, 2.reflect, 3.remember, 4.forget
ド 1.denken, 2.nachdenken, 3.erlernen, 4.vergessen
オ 1.denken, 2.nadenken, 3.leren, 4.vergeten
デ 1.tænke, 2.tænke efter, 3.lære, 4.glemme
ス 1.tänka, 2.tänka efter, 3.lära sig, 4.glömma
ノ 1.tenke, 2.tenke etter, 3.lære, 4.glemme
ア 1.hugsa [< hug-], 2.velta fyrir sér, 3.læra, 4.gleyma
ゴ 1.fraþjan, hugjan, 2.þagkjan (sis), 3.gakunnan, 4.ufarmunnōn.
OE. 1.þencan, hycgan, 2.geþencan, 3.leornian, 4.forgietan
ME. 1.thenke, 3.lerne, 4.forgete

[注] ド nachdenken は振り返って（nach）考える．

§163. 喜ぶ，嬉しい，満足している，悲しい

エ 1.I am pleased, 2.I am glad, 3.content, 4.sad
ド 1.es freut mich, 2.ich freue mich, 3.zufrieden, 4.traurig
オ 1.het verheugt mij [got. hugjan "to think"], 2.ik verheug mij, 3.tevreden, 4.treurig.　デ 1.det glæder mig, 2.jeg glæder mig, 3.tilfreds, 4.bedrøvet.　ス 1.det gläder mig, 2.jag är glad, 3.tillfreds, 4.bedrövad　ノ 1.det gleder meg, 2.jeg gleder meg, 3.tilfreds, 4.bedrøvet
ア 1.það gleður mig, 2. ég gleðist, 3.ánægður, 4.dapur
ゴ 1.faginō (喜びなさい), 2.*hlas (freudig), 4.gaurs
OE. 1.2.3.glæd, fæġen, rōt, gefylled, 4.unmōd, unglæd
ME. 1.2.glad, fayn, 3.content, 4.sad

§164. 愛する，愛，好きだ，嫌いだ

エ 1.love, 2.love, 3.I love you, 4.I don't like it
ド 1.lieben, 2.Liebe, 3.ich liebe dich, 4.gefällt mir nicht
オ 1.liefhebben, 2.liefde, 3.ik hou van je, 4.het bevalt me niet.　デ 1.elske, 2.kærlighed, 3.jeg elsker dig, 4.det synes jeg ikke om.　ス 1.älska, 2.kärlek, 3.jag älskar dig, 4.det behagar mig inte.　ノ 1.elske, 2.kjærlighet, 3.jeg elsker deg, 4.jeg liker det ikke
ア 1.elska, 2.ást, 3.ég elskar dig, 4.mér líkar það ekki
ゴ 1.frijōn, 2.frijaþwa, 3.galeikaiþ mis
OE. 1.lufian, 2.lufu　　ME. 1.lovie, 2.love
[注] I like it は古くは it likes me (es gefällt mir, il me plaît) で，if you like it は if it like you (それが気に入るならば，接続法，-s なし) が本来の語順．Shakespeare の as you like it (お気に召すまま) も本来 as it like you だった．

§165. 理解する，知る，知っている

エ 1.understand, 2.I know it, 3.I know him.
ド 1.verstehen, 2.ich weiss es, 3.ich kenne ihn
オ 1.verstaan, 2.ik weet het, 3.ik ken hem
デ 1.forstå, 2.jeg ved det, 3.jeg kender ham
ス 1.förstå, 2.jag vet det, 3.jag känner honom
ノ 1.forstå, 2.jeg vet det, 3.jeg kjenner ham
ア 1.skilja, 2.ég veit það, 3.ég þekki hann
ゴ 1.fraþjan, 2.wait, 3.kann
OE. 1.undergietan, 2.3.witan, gecnāwan
ME. 1.understande, 2.3.wite, (i)knowe

[注] 英語は I know it, I know him が同じだが，ド ich weiss es, フ je le sais, je le connais で別語を用いる．

§166. 置く，置いてある，横にする，横になる

エ 1.put, 2.lie, 3.lay, 4.lie (down)
ド 1.setzen, legen, 2.liegen, 3.legen, 4.sich legen
オ 1.zetten, leggen, 2.liggen, 3.leggen, 4.liggen gaan
デ 1.sætte, lægge, 2.ligge, 3.lægge, 4.lægge sig
ス 1.sätta, lägga, 2.ligga, 3.lägga, 4.lägga sig
ノ 1.sette, legge, 2.ligge, 3.legge, 4.legge seg
ア 1.setja, leggja, 2.liggja, 3.leggja, 4.leggjast
ゴ 1.satjan, (ga)lagjan, 2.ligan, 3.(ga)lagjan
OE. 1.settan, lecgan, 2.licgan, 3.lecgan, 4.gelicgan
ME. 1.sette, leye, pute, 2.liggen, lie, 3.leye, 4.liggen

[注] ド自動詞 sitzen, liegen, stehen の他動詞が setzen (坐った状態)，legen (横に)，stellen (縦に) に置く．

§167. 立つ，立っている，開く，開いている

エ 1. stand up, 2. stand, 3. open, 4. is open
ド 1. aufstehen, 2. stehen, 3. sich öffnen, 4. ist offen
オ 1. opstaan, 2. staan, 3. zich openen, 4. is open
デ 1. stå op, 2. stå, 3. åbne, 4. er åben
ス 1. stiga upp, 2. stå, 3. öppna, 4. är öppen
ノ 1. stå opp, 2. stå, 3. åpne, 4. er åpen
ア 1. standa upp, 2. standa, 3. opna, 4. er opinn
ゴ 1. urreisan, usstandan, 2. standan, 3. uslūkan, 4. uslukns
OE. 1. gestandan, 2. standan, 3. openian, 4. open
ME. 1. 2. stande, 3. opene, 4. open
[注] The door opens.（自動詞）I open the door.（他動詞）

§168. 閉める，閉まっている，デパート

エ 1. close, shut, 2. is closed, 3. department store
ド 1. schliessen, 2. ist geschlossen, 3. Kaufhaus, Kaufhof
オ 1. sluiten, 2. is gesloten, 3. warenhuis
デ 1. lukke, 2. er lukket, 3. varehus
ス 1. stänga, 2. är stängd, 3. varumagasin
ノ 1. lukke, 2. er lukket, 3. varehus
ア 1. loka, 2. er lokaður (dyrnar eru lokaðar), 3. vöruhús
ゴ 1. galūkan, 2. galuknan
OE. 1. (be)lūcan, (be)clȳsan [L. clausum], 2. (be)clȳsed
ME. 1. shutte, shette, close, 2. is shet, iclused
[注] The store closes at six o'clock.（動作の受動 actional passive）The store is closed.（状態の受動 statal passive）
ド schliesst sich（閉まる），ist geschlossen（閉まっている）

— 121 —

§169. 始まる，始める，終わる，終える

エ 1.begin, 2.begin, 3.finish, 4.finish
ド 1.beginnen, anfangen, 2.beginnen, anfangen, 3.enden, schliessen, 4.enden, beenden, schliessen
オ 1.beginnen, 2.beginnen, 3.eindigen, 4.eindigen
デ 1.begynde, 2.påbegynde, 3.være til ende, 4.ende,
ス 1.börja, 2.börja, 3.sluta, ta slut, 4.sluta ⌊slutte
ノ 1.begynne, 2.begynne, ta til, 3.være slut, slutte,
ア 1.hefjast, 2.byrja, 3.enda, ljúka, 4.enda ⌊4.slutte
ゴ 1.anastōdjan, 2.duginnan, 3.gataúrnan, 4.gaandjan
OE. 1.onginnan, 2.onginnan, 3.4.geendian (tr. intr.)
ME. 1.2.aginne, beginne, 3.fenisshe, 4.fynysshe
[注] Lesson begins.（自動詞）I begin lesson.（他動詞）

§170. 金，銀，銅，鉄，ガラス，琥珀

エ 1.gold, 2.silber, 3.copper, 4.iron, 5.glass, 6.amber
ド 1.Gold, 2.Silber, 3.Kupfer, 4.Eisen, 5.Glas, 6.Bernstein
オ 1.goud, 2.zilver, 3.koper, 4.ijzer, 5.glas, 6.barnsteen
デ 1.guld [gul'], 2.sølv [søl], 3.kobber [kɔu'ɹ], 4.jern, 5.glas, 6.rav [rɑu]
ス 1.guld, 2.silver, 3.koppar, 4.järn, 5.glas, 6.bärnsten
ノ 1.gull, 2.sølv [søll], 3.kobber, 4.jern, 5.glass, 6.rav
ア 1.gull, 2.silfur, 3.kopar, 4.járn [jaurtn], 5.gler, 6.raf
ゴ 1.gulþ, 2.silubr, 4.eisarn. OE. 1.gold, 2.siolfor, seolfor, 3.copor, 4.īsen, īsern, īren, 5.glæs, 6.smielting
ME. 1.gold, 2.sylver, 3.coper, 4.īren, 5.glas, 6.aumbre
[注] amber < アラビア語．Bernstein 燃える(brennen)石．

§171. 方角，東，西，南，北

エ 1.direction, 2.east, 3.west, 4.south, 5.north
ド 1.Richtung, 2.Osten, 3.Westen, 4.Süden, 5.Norden
オ 1.richting, 2.oosten, 3.westen, 4.zuiden, 5.noorden
デ 1.retning, 2.øst, 3.vest, 4.syd, 5.nord
ス 1.riktning, 2.öster, 3.väster, 4.söder, 5.norr
ノ 1.retning, 2.øst, 3.vest, 4.sør, 5.nord
ア 1.átt, 2.austur, 3.vestur, 4.suður, 5.norður
ゴ 2.urruns (sunrise), 3.saggqs (sunset)
OE. 2.ēast, 3.west, 4.sūþ, 5.norþ
ME. 2.est, 3.west, 4.south, 5.north
[注] 東西南北の順序は north, south, east and west. Nord, Süd, Ost und West.

§172. 右，左，中央，端

エ 1.right, 2.left, 3.center, 4.end, edge
ド 1.rechts(副), 2.links(副), 3.Mitte, Zentrum, 4.Ende
オ 1.rechts(副), 2.links(副), 3.centrum, 4.einde, kant
デ 1.højre, 2.venstre, 3.midte, centrum, 4.rand, kant
ス 1.höger, 2.vänster, 3.mitt, centrum, 4.egg, kant
ノ 1.høyre, 2.venstre, 3.midte, sentrum, senter, 4.egg
ア 1.hægri, 2.vinstri, 3.miðja, 4.egg
ゴ 1.taíhswa, 2.hleiduma, 3.miduma, 4.andeis,
OE. 1.swīþra, 2.winestra, 3.middel, 4.ecg, rand
ME. 1.riht, swither, 2.lift, luft, 3.middel, 4.egge
[注] 右は「正しい」，左は「貧弱，不吉」の意味が多い．デ højre, ア hægri より巧みな．デ venstre より友好的な．

§173. 季節, 春, 夏, 秋, 冬 (season は種まきの時の意味)

エ 1.season, 2.spring, 3.summer, 4.autumn, 5.winter
ド 1.Jahreszeit, 2.Frühling, 3.Sommer, 4.Herbst, 5.Winter
オ 1.jaargetijde, 2.voorjaar, lente, 3.zomer, 4.herfst, (najaar), [najaar "after-year"], 5.winter
デ 1.årstid, 2.forår, 3.sommer, 4.efterår, 5.vinter
ス 1.årstid, 2.vår, 3.sommar, 4.höst, 5.vinter
ノ 1.årstid, 2.vår, 3.sommer, 4.høst, 5.vinter
ア 1.árstíð, 2.vor, 3.sumar, 4.haust, 5.vetur
ゴ 3.asans, 5.wintrus [winter は water と同根]
OE. 2.lencten, 3.sumor, 4.hærfest, 5.winter
ME. 2.lente(n), 3.sumer, 4.hervest, autum(p)ne, 5.winter
[注] 北欧においては冬が主要な季節で, he is one winter old, ten winters old のように「年」の意味に用いられた.

§174. 週, 日曜日, 月曜日, 火曜日

エ 1.week, 2.Sunday, 3.Monday, 4.Tuesday
ド 1.Woche, 2.Sonntag, 3.Montag, 4.Dienstag
オ 1.week, 2.zondag, 3.maandag, 4.dinsdag
デ 1.uge, 2.søndag, 3.mandag, 4.tirsdag
ス 1.vecka, 2.söndag, 3.måndag, 4.tisdag
ノ 1.uke, 2.søndag, 3.mandag, 4.tirsdag
ア 1.vika, 2.sunnudagur, 3.mánudagur, 4.þriðjudagur
ゴ 1.sabbatō, 2.afarsabbatē dags
OE. 1.wice, wicu, 2.sunnandæġ, 3.mōnandæġ, 4.tīwesdæġ
ME. 1.weke, wike, 2.son(n)eday, 3.mone(n)day, 4.tewesday
[注] week の原義は turning (週の変わり目). ゴ sabbatō はヘブライ語「安息日」Sabbath より.「週」にも用いられた.

§174'. 水曜日，木曜日，金曜日，土曜日

エ 1.Wednesday, 2.Thursday, 3.Friday, 4.Saturday
ド 1.Mittwoch, 2.Donnerstag, 3.Freitag, 4.Samstag
オ 1.woensdag, 2.dondersdag, 3.vrijdag, 4.zaterdag
デ 1.onsdag, 2.torsdag, 3.fredag, 4.lørdag
ス 1.onsdag, 2.torsdag, 3.fredag, 4.lördag
ノ 1.onsdag, 2.torsdag, 3.fredag, 4.lørdag
ア 1.miðvikudagur, 2.fimmtudagur, 3.föstudagur, 4.laugar-
ゴ 3.paraskaíwē, fruma sabbatō, 4.sabbatō dags　⌊dagur
OE. 1.wōdnesdæġ, 2.þunresdæġ, 3.frīġedæġ, 4.sæter(n)-
dæġ.　ME. 1.wednesday, 2.thursday, 3.friday, 4.saterday
[注] ギリシア語の曜日名はヘブライ語の表現にもとづいている．古典ギリシア語の日曜日は「週の第1日」mía sabbátōn,「主の日」kyriakê,「太陽の日」hēmérā Hēlíū などと言った．現代ギリシア語は主の日 (Kiriakí) という．フランス語 dimanche, イタリア語 domènica, スペイン語 domingo も同様である．ラテン語は日曜日を diēs Sōlis (太陽の日), 月曜日を diēs Lūnae (月の日), 火曜日を diēs Martis (軍神マルスの日)… と言い, ゲルマン語はこれを訳して Sunday, Monday, Tuesday… と言った．ドイツ語とアイスランド語は水曜日を「週の中日」という．その他のゲルマン語は北欧神話の主神 Odin (オーディン) の日, 木曜日は北欧神話の雷の神 Thor (トール) の日, 金曜日は Odin の妃 Frigg (フリッグ) の日という．土曜日は英語とオランダ語はローマの Saturnus (サトゥルヌス) の日, ドイツ語はヘブライ語起源の安息日, ノルド諸語は洗濯日 (身体と衣類の) という．アイスランド語の火曜日は第3日, 木曜日は第5日, 金曜日は断食の日．

§175. 1月, 2月, 3月, 4月

エ 1.January, 2.February, 3.March, 4.April
ド 1.Januar, 2.Februar, 3.März, 4.April
オ 1.januari, 2.februari, 3.maart, 4.april
デ 1.januar, 2.februar, 3.marts, 4.april
ス 1.januari, 2.februari, 3.mars, 4.april
ノ 1.januar, 2.februar, 3.mars, 4.april
ア 1.janúar, 2.febrúar, 3.mars, 4.apríl

OE. 1.se æfterra ġēola (the later Yule), 2.solmōnaþ (mud-month), 3.hrēþ-mōnaþ, 4.ēaster-mōnaþ (Easter month)
ME. 1.januari(e), 2.fever(y)er, 3.march(e), 4.april

[注] Janus ヤヌス. ローマの神, 前と後に顔をもち, 始めと終わりを司る. February 清めの月. March ローマ神 Mars の月. April 花開く月 (aperiō) か.

§175'. 5月, 6月, 7月, 8月

エ 5.May, 6.June, 7.July, 8.August.　ド 5.Mai, 6.Juni, 7.Juli, 8.August.　オ 5.mei, 6.juni, 7.juli, 8.augustus
デ 5.maj, 6.juni, 7.juli, 8.august.　ス 5.maj, 6.juni, 7.juli, 8.augusti.　ノ 5.mai, 6.juni, 7.juli, 8.august.
ア 5.maí, 6.júni, 7.júli, 8.ágúst

OE. 5.þrimilce (一日に三度乳搾り), 6.Līþa se ærra (the Mild One, the earlier), 7.Līþa se æfterra (the Mild One the later), 8.wēod-mōnaþ (weed-month)
ME. 5.mai, 6.juin, june, 7.juil, iulie, 8.august

[注] 古いローマ暦では7月を Quintīlis (mēnsis) 'fifth month', Sextīlis (mēnsis) 'sixth month' と言ったが, 後に Iūlius, Augustus (ローマ建設者に敬意を表して) となった.

§175'. 9月, 10月, 11月, 12月

エ　9.September, 10.October, 11.November, 12.December
ド　9.September, 10.Oktober, 11.November, 12.Dezember
オ　9.september, 10.oktober, 11.november, 12.december
デ　9.september, 10.oktober, 11.november, 12.december
ス　9.september, 10.oktober, 11.november, 12.december
ノ　9.september, 10.oktober, 11.november, 12.desember
ア　9.september, 10.október, 11.nóvember, 12.desember
OE. 9.hærfest-mōnaþ (harvest-month), 10.winterfylleþ (filling), 11.blōd-mōnaþ (blood 生贄), 12.se ærra ġēola (the earlier Yule) ME. Septembre, Octobre, Novembre, Decembre
[注] ローマ暦は3月に始まったので，9月が「第7月」(septem) になったという説と，7月に Julius (Caesar)，8月に Augustus (皇帝) の二人が挿入されたという説がある．

§176. 今日, 明日, 昨日

エ　1.today, 2.tomorrow, 3.yesterday [1.2.の前置詞が to]
ド　1.heute [hiu tagu 'on this day'], 2.morgen, 3.gestern
オ　1.vandaag, 2.morgen, 3.gisteren
デ　1.i dag, 2.i morgen, 3.i går [1.2.3.とも前置詞が i]
ス　1.i dag, 2.i morgon, 3.i går
ノ　1.i dag, 2.i morgen, 3.i går
ア　1.í dag, 2.á morgun, 3.í gær
ゴ　1.himma daga (dat.), 2.du maúrgina, gistra-dagis
OE. 1.tō dæġ, 2.tō morgen(e), 3.ġeostran dæġ
ME. 1.to day, 2.to morwe(n), 3.yister(n)day
[注] ゴ gistra-dagis 語形は「昨日」だが，「明日」に用いられている (Mat.6,30, ギ aúrion)

§177. 朝, 昼, 夕方, 夜

エ　1.morning, 2.noon, 3.evening, 4.night
ド　1.Morgen, 2.Mittag, 3.Abend, 4.Nacht
オ　1.morgen, ochtend [ablaut zu nacht], 2.middag, 3.avond, 4.nacht
デ　1.morgen, 2.middag, 3.aften, 4.nat
ス　1.morgon, 2.middag, 3.afton, kväll, 4.natt
ノ　1.morgen, 2.middagstid, 3.kveld, aften, 4.natt
ア　1.morgunn, 2.hádegi (dat. high day), 3.kvöld, 4.nótt
ゴ　1.maúrgins, 2.dags, 3.andanahti, 4.nahts
OE. 1.morgen, mergen, 2.middæġ, 3. ǽfen, 4.niht
ME. 1.morwen(ing), 2.midday, none, 3.even(ing), 4.night
[注] noon ＜ ラ nōna hōra (ninth hour)

§178. 年, 月, 日

エ　1.year, 2.month, 3.day
ド　1.Jahr, 2.Monat, 3.Tag
オ　1.jaar, 2.maand, 3.dag
デ　1.år, 2.måned, 3.dag
ス　1.år, 2.månad, 3.dag
ノ　1.år, 2.måned, 3.dag
ア　1.ár, 2.mánuður, 3.dagur
ゴ　1.jēr, aþn, ataþni, 2.mēnōþs, 3.dags
OE. 1.ġēar, 2.mōnaþ, 3.dæġ, dōgor
ME. 1.yeer, 2.mon(e)th, 3.day
[注] year [*yēr- の o-grade よりギリシア語 hōrā (hour)]
month [*mē- 'to measure', meal, meter, moon]

§179. 時（トキ），時（ジ，2時に），分，秒

エ 1.time, 2.o'clock (at 2 o'clock), 3.minute, 4.second
ド 1.Zeit, 2.Uhr (um zwei Uhr), 3.Minute, 4.Sekunde
オ 1.tijd, 2.uur (om twee uur), 3.minuut, 4.seconde
デ 1.tid, 2.klokken (klokken to), 3.minut, 4.sekund
ス 1.tid, 2.klockan (klockan två), 3.minut, 4.sekund
ノ 1.tid, 2.klokka (klokka to), 3.minutt, 4.sekund
ア 1.tími, tíð, 2.klukkan (klukkan tvær), 3.mínúta, 4.sekúnda
ゴ 1.hweila, mēl, þeihs
OE. 1.tīma
ME. 1.time, 3.minut(e), 4.seconde.

[注] minute ＜ ラ pars minūta 細かく分けた部分．secunda 第2の60分の1．klokken to (at two o'clock) は副詞的対格．

§180. 時計，時間 (**two hours**)，3時です

エ 1.clock (置時計), watch (腕時計), 2.two hours, 3.it is three o'clock
ド 1.Uhr, 2.zwei Stunden, 3.es ist drei Uhr
オ 1.klok (置時計), horloge [hɔr'lo:žə]［ギ hor-log- 時を告げる物], 2.twee uur, 3.het is drie uur
デ 1.ur, 2.to timer, 3.klokken er tre
ス 1.klocka, ur, 2.två timmar, 3.klockan är tre
ノ 1.ur, klokke, 2.to timer, 3.klokka er tre
ア 1.klukka, úr, 2.tveir tímar, 3.klukkan er þrjár
ゴ 3.ist hweila þridjō (es ist drei Uhr)
OE. 1.dæġmæl (time piece, mæl は測定)． ME. 1.clocke, orloge． [注] clock はドイツ語 Glocke（鐘）と同源．

— 129 —

§181. 7時半，8時30分に

- エ 1.half past seven, 2.at eight thirty
- ド 1.halb acht, 2.um acht Uhr dreissig, um halb neun
- オ 1.half acht, 2.om acht uur dertig, om half negen
- デ 1.halv otte, 2.klokken otte tredive, klokken halv ni
- ス 1.halv åtta, 2.klockan åtta trettio, klockan halv nio
- ノ 1.halv åtte, 2.klokka åtte tretti, klokka halv ni
- ア 1.hálf átta, 2.klukkan átta þrjátíu, klukkan hálf níu

[注] 1時半を第2時の半分 (halb zwei) という言い方は，上記のほかに，フィンランド語 (puoli kaksi 'half two')，ハンガリー語 (fél kettő 'half two')，ロシア語 (polovína vtorógo 'half of the second') にもある．

§182. いつも，しばしば，ときどき，決して（ない）

- エ 1.always, 2.often, 3.sometimes, 4.never
- ド 1.immer, 2.oft, 3.zuweilen, 4.nie, niemals
- オ 1.altijd, 2.dikwijls, 3.soms, 4.nooit [ne+ooit < *aiw]
- デ 1.altid, 2.ofte, 3.undertiden, 4.aldrig [aldri(dat.)-gi]
- ス 1.alltid, 2.öfters, ofta, 3.ibland, stundom, 4.aldrig
- ノ 1.alltid, 2.ofte, 3.av og til (cf. ab und zu), 4.aldri
- ア 1.alltaf, 2.oft, 3.stundum, 4.aldrei
- ゴ 1. sinteinō, 2.ufta, 3.ni hwanhun, ni aiw

OE. 1.ā, æfre, ealne weg, 2.oft, 3.hwīlum, stundum, 4.næfre
ME. 1.ever(e), alweye, 2.oft, ofte, often, 4.neuer(e)

[注] ever < *aiw- (ギ aiôn 永遠, ラ aevum 時代，永遠)+-er (この語尾は不明). オ soms < somtijds. ゴ sin- < *sem-「1」

§183. すぐに，まもなく，非常に，あまりにも（高価な）

エ 1.at once, 2.soon, 3.very good, 4.too expensive
ド 1.gleich, sofort, 2.bald, 3.sehr gut, 4.zu teuer
オ 1.zo, meteen, 2.gauw, 3.heel goed, 4.te (al te) duur
デ 1.straks, 2.snart, 3.meget god, 4.(alt) for dyr
ス 1.strax, 2.snart, 3.mycket bra, 4.(allt)för dyr
ノ 1.straks, 2.snart, 3.meget god, 4.(alt)for dyr
ア 1.strax, 2.brátt, 3.mjög góður, 4.(allt) of dýr
ゴ 1.suns, sunsaiw, 3.(sehr groß = ufar mikil)
OE. 1.hrædlīče, 2.sōna   ME. 2.sone.

§184. 前置詞　in, on ［< locative］

エ 1.He works in Tokyo. 2.The book is on the table,
ド 1.Er arbeitet in Berlin. 2.Das Buch ist auf dem Tisch.
オ 1.Hij werkt in Amsterdam. 2.Het boek is op de tafel.
デ 1.Han arbejder i København. 2.Bogen er på bordet.
ス 1.Han arbetar i Stockholm. 2.Boken är på bordet.
ノ 1.Han arbeider i Oslo. 2.Boka er på bordet.
ア 1.Hann vinnur í Reykjavík. 2.Bókin er á borði.
[注] in Reykjavik, in Iceland = ア í Reykjavík, á Íslandi

§185. 前置詞　to, for ［acc. of destination ; dat. of interest］

エ 1.Mother goes to Tokyo, 2.Father works for us.
ド 1.Mutter geht nach Berlin. 2.Vater arbeitet für us.
オ 1.Moeder gaat naar Amsterdam. 2.Vader werkt voor ons.　デ 1.Mor tager til København. 2.Far arbejder for os.
ス 1.Mor tar til Stockholm. 2.Far arbetar för oss.
ノ 1.Mor tar til Oslo. 2.Far arbeider for oss.　ア 1.Móðir fer til Reykjavíkar. 2.Faðir vinnur fyrir okkur.

§186. 接続詞　ウサギとカメ，生か死か

エ　1. slow and steady, 2. life or death
ド　1. Dichtung und Wahrheit[1]（詩と真実），2. Leben oder Tod
オ　1. Venus en Adonis[2], 2. leven of dood
デ　1. Ib og lille Christine[3], 2. liv eller død
ス　1. likt och ulikt[4]（平等と不平等），2. liv eller död
ノ　1. bokmål og nynorsk（二つの公用語），2. liv eller død
ア　1. jöklar og eldfjöll（氷河と火山），2. líf eða dauði

[注] 1. Goethe, 2. Rubens, 3. H. C. Andersen, 4. Strindberg

§187. 接続詞　1. as soon as, 2. white as snow

エ　1. as soon as (possible), 2. white as snow
ド　1. sobald (wie möglich), 2. weiss wie Schnee
オ　1. zo snel (mogelijk), 2. wit als sneeuw
デ　1. så snart som muligt, 2. hvid som sne
ス　1. så snart som möjligt, 2. vit som snö
ノ　1. så snart (som) mulig, 2. hvit som snø
ア　1. eins fljótt og hægt er, 2. hvítur sem snjór

§188. 疑問副詞　how

エ　1. how much time? 2. how many books? 3. How are you?
ド　1. wieviel Zeit? 2. wie viel Bücher? 3. Wie geht es Ihnen?
オ　1. hoeveel tijd? 2. hoeveel boeken? 3. hoe gaat het met u?
デ　1. hvor lang tid? 2. hvor mange bøger? 3. hvordan har du det? [hvordan = hvor 'how?' dan 'formed, built']
ス　1. hur lång tid? 2. hur många böcker? 3. hur mår du?
ノ　1. hvor lang tid? 2. hvor mange bøker? 3. hvordan står det til?　　ア　1. hversu mikill tími? 2. hversu margar bækur? 3. hvernig líður þér? (how goes-it to-you?)

§189. (tag question) エ isn't it?
ド nicht wahr?　　オ nietwaar?　　デ ikke sandt?
ス inte sant?　　ノ ikke sant?　　ア er það ekki?

§190. 一口会話　1. こんにちは，2. ありがとう，3. さよなら
エ　1.Hello, 2.thank you, 3.goodbye！[God be (with you)!]
ド　1.Guten Tag, 2.danke, 3.auf Wiedersehen！
オ　1.Goedendag [ˈxuiədɑx], 2.dank u [y], 3.tot ziens！
デ　1.Goddag [goˈdaˑ], 2.tak, 3.farvel！[fɑˈvɛl]（＝farewell）
ス　1.God dag [guˈdɑːg], 2.tack, 3.adjö！[aˈjöː]（フランス語）
ノ　1.God dag [guˈdaːg], 2.takk, 3.på gjensyn [ˈjɛnsyːn]！
ア　1.Góðan daginn, 2.takk fyrir, 3.bless！[plɛss]
[注]「こんにちは」のドイツ語以下は「よい日を」の単数形だが，スペイン語 buenos días, トルコ語 iyi günler は「よい日を」の複数形を用いる．

§191. 教養科目（ローマ自由民が受けた）seven liberal arts,
septem artēs līberālēs　アイスランド語の表現が特殊．
ラ　1.grammatica [tékhnê grammatiˈkê, ars grammatica, ars scrībendī, art of writing], 2.logica [logiˈkê, art of logic], 3.rhetorica [rhêtoriˈkê, art of discussing, debating], 4.mathematica [mathematiˈkê, art of learning]
エ　1.grammar, 2.logic, 3.rhetoric, 4.mathematics
ド　1.Grammatik, 2.Logik, 3.Rhetorik, 4.Mathematik
オ　1.grammatica, 2.logica, 3.retorica, 4.wiskunde [wis 確]
デ　1.grammatik, 2.logik, 3.retorik, talekunst, 4.matematik
ス　1.grammatik, 2.logik, 3.vältalighet, 4.matematik

ノ 1.grammatikk, 2.logikk, 3.retorikk, 4.matematikk
ア 1.málfræði, 2.rökfræði, 3.mælskufræði, 4.stærðfræði
[注] ア mál 言語, fræði 学問, rök 議論, mælska 雄弁 [< mál], stærð 'Größe' [stór 'groß']

§191'. 5. 幾何学（土地測量），6. 音楽，7. 天文学

ラ 5.geometrica [geōmetrikê, art of land measuring], 6.musica [mūsikê, art of Moûsa], 7.astronomica [astronomikê < ástron 'star', ástra 'stars']
エ 5.geometry, 6.music, 7.astronomy
ド 5.Geometrie, 6.Musik, 7.Astronomie, Sternkunde
オ 5.meetkunde [meet 測量], 6.muziek, 7.astronomie
デ 5.geometri, 6.musik, 7.astronomi
ス 5.geometri, 6.musik, 7.astronomi
ノ 5.geometri, 6.musikk, 7.astronomi
ア 5.rúmfræði, 6.tónlist, 7.stjörnufræði
[注] ア rúm 空間, tón 音, list 術, stjarna 星

§192. ことわざ 10 選

Düringsfeld の『ゲルマン諸語・ロマンス諸語のことわざ』は低地ドイツ語，フリジア語，レトロマン語など小言語も載せている．ここから 10 個をドイツ語見出しで，エ，オ，デ，ス，ノ，ア語で記す．数字は第 1 巻，第 2 巻の番号を示す．綴り字はなるべく出典のままにした（名詞は小文字に改めた）．

1. Des einen Tod, des andern Brot. (I, 349) 一人が死ねば，別の一人がパンを得る．甲が退職すれば乙が職を得る．

エ One man's meat is another man's poison.

オ　Des eenen dood, is des anderen brood.
デ　Den enes død, den andens brød.
ス　Den enes död, den andres bröd.
ノ　Naar ein er daud, fær ein annar braud.
ア　Eins dauði er annars brauð.

2．Eine Hand wäscht die andere.（I, 375）片方の手が別の手を洗う．夫婦仲よく暮らしなさい．

エ　At court one hand will wash the other.
オ　De eene hand wascht de andere, en beide wasschen het aangezicht. 片手が別の手を洗い，両手が顔を洗う．
デ　Den ene hånd vasker den anden.
ス　En hand tvättar den andra（och de bli båda rena）. 片手が別の手を洗う（と両手がきれいになる）．
ノ　Dan eine handi tvær dan andre（og so verda baade reina）. 意味はスウェーデン語と同じ．
ア　Hönd skal hendi þvo, eða hvörgi hreinast. 手が手を洗うべきだ，でなければ両手は決してきれいにならない．

3．Gleich und gleich gesellt sich gern.（I, 601）類は友を呼ぶ．似た者同士は好んで集まる．

エ　Like will to like. 同類は同類のところへ行きたがる．
オ　Gelijk zoekt zich, gelijk vindt zich. 同類は自分を探し，同類は自分を見つける．
デ　Lige børn leger bedst. 同じ子供同士は一番よく遊ぶ．貧乏人の子供，金持ちの子供は，それぞれ仲がよい．
ス　Likt älskar likt. 同類は同類を愛する．
ノ　Likt og likt vil halda i hop. 同類は集まろうとする．
ア　Líkr sækir líkan heim. 似た者は似た者を訪ねる．

4. Große Fische fressen die kleinen. (I, 640) 大きな魚は小さな魚を食べる．弱肉強食．

エ　Large fish eat small ones.
オ　Groote visschen eten de kleine. (= grote vissen)
デ　De store fisk æder de små.
ス　Små fiskar slukas af de store.
　　小さな魚は大きな魚に呑み込まれる．
ノ　Dei store fiskarne eta dei smaae.
ア　Stórir fiskar eta smáar.

[柳田千冬描]　弱肉強食

5. Keine Rose ohne Dorn. (I, 888) トゲのないバラはない．喜びあれば悲しみあり．苦労なしに成果なし．

エ　No rose without a thorn.
オ　Geene rozen zonder doornen. (zonder 'without')
デ　Ingen rose uden torne.
ス　Ingen ros utan törnen.
ノ　D'er ingen fisk utan bein. (トゲのない魚はない)
ア　Sjaldan er maðrinn meinalaus. 欠点のない人間はめったにいない．

6．Kleine Kinder, kleine Sorgen, große Kinder, große Sorgen. (I, 897) 子供が小さいうちは心配も小さいが，大きくなれば心配も大きくなる．

エ　Children when little make parents fool, when great mad. (J. Gluski)

オ　Kleine kinderen, hoofdpijn ; groote kinderen, hartpijn. 小さな子供は頭痛ですむが，大きな子供は心の痛みを感じるようになる．

デ　Små børn, små sorger, store børn, store sorger.

ス　Små barn, små sorger ; stora barn, stora sorger. 小さな子供は小さな悩み，大きな子供は大きな悩み．

ノ　Smaae born gjera smaa sorgjer ; store born gjera stora sorgjer. 小さな子供は小さな悩み，大きな子供は大きな悩みがある．

7．Ost und West, daheim das Best. (I, 290) 東へ行っても西へ行っても，故郷が一番よい．(しかし ubi bene, ibi patria 暮らしやすいところが故郷，というラテン語もある)

エ　East or west, home is best.

オ　Oost, west, t'huis best. [t' ＜ te 'at, to']

デ　Øst, vest － hjemme bedst.

ス　Öst, vest, hemma bäst.

ノ　D'er godt baade aust og vest, men endaa er heime best. 東も西も，ともによい，しかし，故郷が一番よい．

ア　Heima er hvörjum hollast. 故郷にいるのが誰にも一番気が休まる．

8．Rom ist nicht in einem Tage erbaut worden. (I, 391) ローマは一日で成らず．大事業は一朝一夕では出来ない)

J. Agricola, Siebenhundertundfünfzig Sprichwörter, 1534 (reprint Berlin 1971) には Rom ward in eynem jar nicht erbauwet. ローマは1年では建てられなかった，とある．

エ　Rome was not built in a day.

オ　Rome, zo oud, is op één' dag niet gebouwd. ローマはとても古い，一日で建てられたのではない．

デ　Rom blev ikke bygget på én dag.

ス　Rom byggdes ej (icke) på en dag.

ノ　Byen var inkje bygd paa ein dag. 都会は一日で建てられたのではない．[ア Rómaborg]

9．Schönheit vergeht, Tugend besteht. (II, 327) 美は滅びるが徳は残る．

エ　Beauty is a blossom, beauty is but skin deep. 美しいのは花が咲いている時だけ，美人は一皮だけだ．

デ　Skønhed forgår, dyd består.

ス　Fågring faller snart. 美しさはすぐあせる．

ノ　Venleiken er vond aa halda. 美は保つのがむずかしい．

10．Was der Mutter ans Herz geht, das geht dem Vater nur an die Knie. (II, 118) 赤ん坊は母の胸までたどり着けるが，父の膝までしか登れない．

オ　't Moeders hert kan niet liegen. 母の心は嘘をつけない．

デ　Få er som far, ingen som mor. 父のような人は少しはいるが，母のような人は一人もいない（一人しかいない）．

ス　Få som far, ingen som mor.

ノ　D'er mildt moder-hjartat. 母の心はやさしい．

ア　Fár er sem faðir, eingi sem móðir.

[エ　Few are like father, no one like mother.]

§193－196．**語彙の構造**を種々の観点から考察し，随時フランス語，ラテン語，ギリシア語などを加える（対照辞典外）．
(1) **語の対義性**（antonymy）
　「太陽が昇る」と「太陽が沈む」の英・ドイツ・フランス語
英：The sun rises/The sun sets.（昇ると沈むが別語）
ド：Die Sonne geht auf/Die Sonne geht unter.（動詞が共通）
フ：Le soleil se lève/Le soleil se couche.（se のみ共通）
　「乗る」「降りる」「乗り換える」（日本語は三者別語）
エ：get on, get off, change（二者共通）
ド：einsteigen, aussteigen, umsteigen（三者共通）
フ：monter (en voiture), descendre, changer（三者別語）
　「出口」と「入口」（日本語は半分だけ共通）
エ：exit, entrance（別語，ラテン語，フランス語からの借用）
ド：Ausgang, Eingang（ein-, aus- の接頭辞のみ相違）
フ：sortie, entrée（別語，過去分詞の女性形が名詞になる）
　スペイン語，イタリア語，ギリシア語，ロシア語
ス：salida, entrada（別語，過去分詞女性形が共通）
イ：uscita, entrata（別語，過去分詞女性形が共通）
ギ：éks-odos, eís-odos（接頭辞のみ相違，hodós 道）
ロ：vy-xod, v-xod（接頭辞のみ相違，xod 進行，*šed- 行く）
(2) **語の整合性**（symétrie, asymétrie）
　「少年」と「少女」（日本語は半分だけ共通）
別語：　　　　　　　　　　　語尾のみの相違：
エ：boy, girl　　　　　　　　ス：muchacho, muchacha
ド：Junge, Mädchen　　　　　ポ：menino, menina
フ：garçon, petite fille　　　　イ：ragazzo, ragazza
ロ：mal'čik, devočka　　　　　カタラン：noi, noia

「兄弟」と「姉妹」

別語：
エ：brother, sister
ド：Bruder, Schwester
フ：frère, sœur
イ：fratello, sorella
ロ：brat, sestrá

語尾のみの相違：
ス：hermano, hermana
ポ：irmão, irmã
ギ：adelphós, adelphê

(3) 「王」「女王」「王の」
エ：king, queen, royal（三者別，英語，印欧語，フランス語）
ド：König, Königin, königlich（三者共通）
オ：koning, koningin, koninklijk（三者共通）
デ：konge, dronning, kongelig（二者共通）
フ：roi, reine, royal（三者共通）
ラ：rēx, rēgīna, rēgālis（三者共通）
ギ：basileús, basilíssa, basilikós（三者共通）

(4) 「深い」と「浅い」

日本語は「深い」「浅い」が人名や地名の深井，浅井，深川，浅川に見るように対等の資格で存在しているが，ゲルマン語の場合，「浅い」は「深くない，低い，底が見える」などまちまちだ（本書 p. 102）．フランス語は少ししか深くない（peu profond）という．

(5) **意味の領域**（champ sémantique, Bedeutungsfeld）

意味の変化の例（semantic change）：

ラテン語：homo は vir（男）と fēmina（女）を含む．
フランス語：homme（人間）は femme（女）を含む．

L'homme n'est qu'un roseau pensant. 人間は考える葦にすぎない（Pascal）は女性も含む．J'aime les hommes qui ont

l'avenir et les femmes qui ont le passé.（私は未来のある男と過去のある女が好きだ，男女の対比）
ラテン語「かじる」→ フランス語「食べる」
mandūcāre → manger（イタリア語，ルーマニア語も）
　ラテン語は色彩語（color names）が豊富で「白」「黒」に二種を区別した．フランス語 blanc はゲルマン語から借用．
ラ　alvus 光らない白，candidus 光る白 → フランス語 blanc
ラ　āter 光らない黒，niger 光る黒 → フランス語 noir
意味のずれ：エ，ド，フの順．
2時間 = two hours, zwei Stunden, deux heures
2時 = it is two o'clock, es ist zwei Uhr, il est deux heures
時計2個 = two watches, zwei Uhren, deux montres

(6) **オノマトペ成立の三段階** （three steps to lexicalization）
crack!「ポキッ」という音 → crack「ポキッと折れる」
1．自然音 = 声（人間・動物）・音（自然・物）krk
2．単語化への第一段階：Crack! The branch broke.
3．単語化への第二段階：The branch cracked.
換言すれば，1．は音がまるだし：z-z-z（スヤスヤ静かに），Z-Z-Z（グーグー眠っている）
2．少しお化粧：crack, clip-clop（お馬がパカパカ）
3．たっぷりお化粧：owl（ド Eule, フ hibou), bustle, hustle

(7) **中和しうる対立** （neutralizable opposition）
two days and two nights = two days（day は昼と夜を含む）
zwei Studenten und drei Studentinnen = fünf Studenten
（二人の男子学生＋三人の女子学生 = 五人の学生）
スペイン語　dos hijos y tres hijas = cinco hijos
（二人の息子＋三人の娘 = 五人の子供）

§194. コソアドの四体系 (quaternary deixis)

コレ（一人称）my book, this book (the book with me)
ソレ（二人称）your book, that-near (the book with you)
アレ（三人称）his book, that-far (the book with him)
ドレ（疑問詞）which (which book)?

   ille liber
    ↑
  quis?
  ↙ ↘
iste liber hic liber

(cf. T. Shimomiya, Interrogative quis and its reply hic-iste-ille in deixis. Lingua Posnaniensis, 46, 2004, 89-93)

§195. 連想関係 (rapports associatifs, Saussure, 1916)

ソシュールの連想関係は，たとえば，enseigner（教える）という動詞から

(1) enseigner (to teach), enseignons (we teach)...
(2) apprentissage (apprenticeship), éducation...
(3) changement (change), armement (armament)...
(4) clément (kind-hearted), justement (rightly)...

のように, 動詞の変化形, 内容関連, -ment をもつ名詞, -ment をもつ形容詞・副詞, など, 種々の観点から語彙の網目を作りあげるもので, 単語は無作為に存在しているのではなく, たがいに何らかの関連をもちながら存在していることを指す. La langue est un système où tout se tient. の名句はメイエ（A. Meillet）の Collège de France における就任講演 L'état actuel des études de linguistique générale (1902) にある.

例を三つあげる．

例1：「**人魚姫**」から連想するもの．
(1) 童話 → アンデルセン，グリム，ペロー，小川未明…
(2) 白雪姫 → イバラ姫，エンドウマメの上に寝たお姫さま…
(3) the little mermaid → mermaid, マーメード号，デンマークのパン，パン屋，喫茶店…
(4) 王子 → 王，王妃，廷臣，侍女…

例2：「**ナイチンゲール**」から連想するもの．
(1) アンデルセン → スウェーデンのナイチンゲール（Jenny Lind, アンデルセンの第三の恋，スウェーデンの歌姫と呼ばれ Copenhagen, London, Paris, Vienna で好評を博した）…
(2) Florence Nightingale → Florence → Firenze（花の都），花子，Anthoúla（アンスーラ，ギリシア語で花子）…
(3) ナイチンゲールの舞台 → 中国，中国の皇帝，日本の天皇から贈られたオモチャのナイチンゲール…
(4) nightingale ('night-singer') → nightcap, night club, night-flight（Saint-Exupéry), night school, fortnight…

例3：最後の **night** から連想するもの．
(1) night → day, dark, moon, star, sleep, robber…
(2) night → fight, height, knight, light, might, right, sight, tight, write, wright…（語頭音を変える）
(3) night → note, neat, net, nut, gnat…（語中音を変える）
(4) night → nice, knife, Nile, nine…（語末音を変える）

§196．「**人魚姫**」の分析．第一段階「人魚＋姫」，第二段階「(人＋魚)＋姫」．英語 the little mermaid は名詞句（noun phrase)，ドイツ語 die kleine Meerjungfrau も名詞句だが，名

詞の部分が Meer+jungfrau (jung+frau) で三個の単純語からなる．フランス語 la petite Ondine (または la petite sirène) の Ondine は「波の娘」(ドイツ語 Undine) の意味でラテン語 unda (波) の派生語である．

mermaid → merman, merking, merqueen, merfolk (人魚の男, 人魚の王, 人魚の王妃, 人魚族) があるが, Oxford English Dictionary には mermaid と merman しか載っていない．

ドイツの言語学者 Otmar Werner (1990) の Sprachliches Weltbild und/od. Sprachökonomie (第8回国際ゲルマニスト会議, 慶応大学, 1990年8月30日における発表) は言語表現に四つのレベルを区別している．例は同じ人魚姫をあげる．
1．名詞句(syntagma, phrase)：the little mermaid
2．複合語(compositum)：mermaid
3．派生語(derivatum)：Marina 海の精 cf. ballerina, Ondine
4．単純語 simplex：mare (ラテン語「海」)

次にドイツ語, フランス語, ラテン語, ギリシア語, 日本語の例を一つずつあげる．
[ド] 1．der grösste deutsche Dichter (ドイツ最大の詩人)
2．Dichterfürst (詩聖, ダンテのごとき)
3．Dichter (詩人), Gedicht (詩)
4．Goethe (ゲーテ)
[フ]「地下鉄」の表現から．
1．chemin de fer métropolitain (首都鉄道)
2．métropole, metrôpolis
3．métropolitain
4．métro

「ソシュール」の名前から．
1．Ferdinand de Saussure
2．Bally-Séchehaye
3．saussurien
4．Saussure

［ラ］1．1.agrī cultūra（土地の耕作）
2．agrīcultūra（土地耕作，農業），agricola（農夫）
agrī- は屈折形だが，agronomia（農学）の agro- は語幹．
3．agrārius（畑の）
4．ager（畑）

［ギ］1．to étymon tū lógū（言葉の真の意味）
2．etymó-logos（語源学者），etymo-logíā（語源学）
3．etymolog-ikós（語源の）
4．étymon（原義）

［日］1．ことばのあや，言語の研究，茶の湯
2．ことばづかい，言語研究，茶道，お茶会
3．ことばの，ことばらしさ，言語的，言語学，お茶
4．ことば，言語，茶

§197. 降っても照っても（rain or shine）．

これは日英語が同じ順序だが，「晴雨にかかわらず」と漢語（Sino-Japanese）にすると，逆になる．「衣食住」の英語は food, clothing and shelter の順序である．「左右」が，「右や左の旦那様」となる．貧富，金持ちも貧乏人も = rich and poor；前後 = back and forth；あちこち = here and there；白黒 = black and white；日露戦争 = Russo-Japanese War など順序の相違がある．「輸出」「輸入」は第 2 要素が差を示し，export-import は接頭辞が差を示している．アンデルセンの「人魚姫」が悲劇のヒロインであるのに対し，グリム童話の「白雪姫」は幸福のヒロインで

ある．その英語 Snow White, ドイツ語 Sneewittchen (KHM 53) は同じ順序だが，フランス語 Blanche-Neige（白雪）は日本語と同じだ．Snee-witt-chen は1語の中に低地ドイツ語＋低地ドイツ語＋高地ドイツ語（-chen 指小辞，標準語）の三つの語形が同居している．このように異なる起源の単語を混種語 (hybrid word) と呼ぶ．ママさんバレー，サラリーマン白書，脱サラなど日本語にも多い．

§198. ラングとパロール（1は言語, 2-7は言語外現象）

ラングは社会的・体系的概念，パロールは個人的実現．

(1は Milewski, 2, 3は Décsy, 4-7は Shimomiya)

1. Langue is the phoneme /e/ in the phonological system.
   Parole is individual sounds by speakers $[e^1]$ $[e^2]$ $[e^3]$...
2. Langue is the train scheduled to leave Geneva for Paris every day at 14:00 as listed in the timetable.
   Parole is the actual train leaving Geneva for Paris on a specific day; it may consist of different coaches.
3. Langue is the score, the written form of a musical composition by an orchestra.
   Parole is the actual performance by an orchestra.
4. Langue is e.g. the river in general.
   Parole is the Rhine, the Seine... (I am going to...)
5. Langue is e.g. the Finnish national epic Kalevala.
   Parole is its 1835 or enlarged 1849 edition by Elias Lönnrot, or English translation by W. F. Kirby (1907), or Japanese translation by Kakutan Morimoto (1937) or by Tamotsu Koizumi (1976).

6．Langue is e. g. Holy Island (Lindisfarne), England.
Parole is its interpretation by artists, photographers.
7．Langue is e. g. phonetics as a science.
Parole is phonetics as elaborated by Sweet, Jespersen, Passy, Viëtor（国際音声字母は 1886-1930 の間これらの学者により漸次整備されて行った）.

[注] Gyula Décsy, A Select Catalog of Language Universals. Eurolingua. Bloomington, Indiana, 1988.

T. Milewski, Introduction to the Study of Language. Mouton, 1973.

T. Shimomiya, 'Parole as an individual realisation of langue' (Langue and parole in synchronic and diachronic perspective. Selected papers of 31st Annual Meeting of the Societas Linguistica Europaea, St. Andrews 1998, ed. C. Beedham. Pergamon, 1999, 99-102)

§199．ヨーロッパ素（ヨーロッパ諸語に共通の特徴）

Décsy のあげる Europeme のうち 10 個ほどかかげる．

1．ヨーロッパ諸語の基本母音は i, e, a, o, u の 5 個，基本子音は p, v, t, l, j, k, s, m, n, r の 10 個．
2．音節の構造は CV または CVC が支配的．
3．アクセントには強弱，高低，移動的（ロシア語 górod 都市, gorodá 複数），固定的（チェコ語 Práha, dó Prahi プラハへ，第 1 音節）がある．
4．文字はラテン文字使用者が西欧・中欧・東欧に 4.4 億人で 70％，キリル文字使用者が 1.8 億で 28％，その他 2％）
5．形態論の分野では 8 品詞が多く，文法性と格については濃

淡の差がある．数の範疇は名詞類にも動詞類にも現れる．
6．時制体系は未来や完了形の創造により豊富化した．
7．格の変化が弱体化し，かわりに，前置詞が発達した．
8．統辞論の分野では定冠詞の発達があげられる．定冠詞使用人口は3.5億，56％，ラテン語 ille homo ＞ フランス語 l'homme のように前置が多いが，homo ille ＞ ルーマニア語 omu-l［発音 womul］，スウェーデン語 mann-en のような後置もある．
9．性・数・格の一致はフィンランド語 punaisessa talossa（in the red house, 形容詞も名詞も変化）のように厳格な場合とハンガリー語 a piros házban（同じ意味，名詞のみ変化）のように鈍感な場合がある．
10．冗長性（redundancy）に関しても濃淡の差があり，two men have come とドイツ語 zwei Männer sind gekommen においては複数性が2個所に，フランス語 deux hommes sont venus において音声的には1個所［sõ］のみに，書記的には3個所（-s, sont, -s）にあらわれる．

§200. 固有名詞（proper names）

どの言語にも普通名詞と固有名詞がある．これは言語普遍性（language universals）の一つである．固有名詞は普通名詞に由来することが多い．有名な sandwich は sand（砂）と wich（村）の複合語 sandwich（砂村）が Sandwich という地名になり，Earl of Sandwich からパンの間におかずをはさめる今日のサンドイッチが生じた．普通名詞 → 固有名詞 → 普通名詞という循環を示している．フランスの印欧言語学者ジャン・オードリ（Jean Haudry）はこれを évolution cyclique と呼ん

でいる．Honda といえば車，ジンギスカンといえば羊肉を指す．Greenwich は緑村，または緑港である．

　東京は 1868 年，京都に代わり日本の首都として誕生した east city の意味である．北京，南京，北海道，九州，四国なども普通名詞に由来している．New York のような新しい地名は分かりやすい（York は Old English の eofor-wīc イノシシ村）が，London, Paris, Berlin など古い地名はむずかしい．Paris の古名 Lutetia は「沼地」，Berlin もスラヴ語で「沼地」とされる．Rhine, Danube, Don (Dnjepr, Dnjestr はその派生語) など，みな「川」という普通名詞から来ている．Stratford-upon-Avon の Avon, Punjab（punj-ab は five rivers の意味）の ab も「川」だし，クロアチアの町 Rijeka は「川」，その旧名 Fiume はイタリア語で「川」である．

　植民，移住とともに，地名は世界各地に伝播する．私が愛用している Collier's Encyclopedia (20 巻, New York 1956) の索引を見ると，Athens は 15 個所，Berlin は 14 個所，Paris は 12 個所，Moscow は 7 個所，Newton (< new town) は 21 個所，Newtown は 8 個所，New Town は 3 個所，Germantown は 8 個所あった．Tokyo は日本の 1 個所しかなかった（昔，弘前大学の先生がアメリカには Tokyo が 3 個所あるんですよ，と語ってくれたのだが）．私の住んでいる所沢の電話帳 (1994) を見ると，沙羅英慕（Sarajevo）という名の喫茶店が数個所にあった．悲劇の町 (1992-95) Sarajevo は城の（ある町）の意味である．トルコ語 saray（城）はわが国の雑誌の名にもなっている．-evo, -ovo はスラヴ語の形容詞語尾で，モスクワの空港名 Sheremetjevo, Vnukovo にも見える．Kosovo は kos（つぐみ，鳥の名）の村である．

1974年12月，スイスのMaienfeldに向う汽車に乗っていたとき，Thalwil, Wädenswil, Rapperswilなど-wilという駅名が多いので，車掌さんにwilって何ですかと聞くと，Weiler（村）とのこと，これを愛用の佐藤通次『独和言林』で引くと，ラテン語villa（別荘）からとある．villaの集合名詞がvillageである．そしてなんと，Wil（村）という駅まであった．この年の4月からテレビのカルピス子供劇場でアルプスの少女ハイジが始まっていたので，私は現地を見たかったのだ．Maienfeldはガリア語magos（野原）の集合名詞magiaに，それと同じ意味のドイツ語feldを付加した二重名（double name）で，フランスのChâteaudun（城，フランス語＋ケルト語），イタリアのMongibello（山，イタリア語＋アラビア語）と同じである．Thalwilは谷村である．サラマンカにいたとき（1974-75年冬学期）Vigo行きの汽車を見たが，これも「村」である（ラテン語vīcus）．

　地名には歴史が反映している．アフガニスタンでタリバン銃撃戦が行われ，これにロシア軍も参戦したとき（1998.7.22），テレビにタジキスタンの首都ドゥシャンベ（Dushanbe）を見て，これは使えると思った！ duは印欧語の「2」，shanbeはヘブライ語で「安息日」である（Sabbath, samedi, Samstag, ロシア語subóta）．安息日から二日目，月曜日に市が立つ町の意味で，印欧語＋ヘブライ語の混種語（hybrid word）である．日本にも五日市（東京，あきるの市）があり，5日，15日，25日に市が立った．十日町（新潟）もある．月曜日を第二日というのはポルトガル語segunda-feira，ギリシア語Deutéraにもある．アイスランド語の月曜日は英語と同じ「月の日」だが，火曜日はþriðjudagur（第三日）という．

— 150 —

人名に移ると，田中さん，木村さん，小川さんも，田んぼの中の人，木の多い村の人，小川のほとりの人だったのだろう．作曲家バッハも「小川」である．Bush は先祖が森の人，Steinbeck は石川（石ころの多い川）のほとりの人だった．Smith, Schmidt, Favre, Kovács, Kuznetsov など，英語，ドイツ語，フランス語，ハンガリー語，ロシア語で，みな「鍛冶屋」である．中世時代に重要な職業であった．1992 年カナダの Quebec City で学会（International Congress of Linguists）があったとき，フィンランドから来ていたセッパネン（Seppänen）さんに何か意味がありますかとたずねたところ，smith とのこと．すごい．これで自分のボキャブラリーが一つふえた，と感動したものだ．Stephen, Stefan, Étienne（エチエンヌ），István（イシュトヴァーン）は英語，ドイツ語，フランス語，ハンガリー語の綴りで，ギリシア語 stéphanos（花輪，王冠）に由来している．Solomon, Salome はヘブライ語で「平和」，Jerusalem は「平和の町」である．

　太郎は，まるまると太った元気な男の子になりますように，花子は，花のようなかわいい女の子になりますようにという両親の願いからつけられたのだが，花子は Florence, Fiorina, Tatjana（< Tsvetana, ロシア語 tsvet 花）にある．Fiorina は「母をたずねて三千里」のマルコがアルゼンチンで出会うペッピーノ一座の娘の名で「小さな花」ある．1999 年アテネで購入したギリシアの小学校読本に Anthoúla（アンスーラ），Anthê（アンシ）があった．これも花子である．現代ギリシア語の「花」は louloúdi だが，古典ギリシア語 ánthos（花）は anthology という単語に永遠に生きている．同じ読本に Xióna（ヒオナ，雪子）もあった．

日本語索引

索引しやすいように見出しを仮名にし，括弧内に漢字を入れた．

あい（愛） 119
あいする（愛する） 119
あいている（開いている） 121
あおい（青い） 107
あかい（赤い） 107
あか（赤）ちゃん 31
あかん坊は母の胸... 138
あかるい（明るい） 103
あき（秋） 124
あく（開く） 121
あくま（悪魔） 92
あさ（朝） 128
あさい（浅い） 102
あし（足） 97
あし（脚） 98
あす（明日） 127
あせ（汗） 99
あた（与）える 67
あたたかい（暖かい） 103
あたま（頭） 97
あたらしい（新しい） 102
あつい（暑い） 103
アヒル 75
あまい（甘い） 104
あまりにも高価な 131
あめ（雨） 79
　雨が降る 79
あらう（洗う） 114
ありがとう 133
アンデルセン 82, 114
い（胃） 99
いえ（家） 93
いえ（家）うさぎ 75
いきょう（異教）の 92

いしゃ（医者） 89
いしょう（衣装） 95
いす（椅子） 94
いずい（泉井）久之助 20
いそがしい（忙しい） 105
いちがつ（1月） 126
イチゴ 70
イチジク 70
いちば（市場） 117
いっぱいの（満ちた） 106
いつも 130
いぬ（犬） 74
いみ（意味）の領域 140
いみ（意味）の変化 140
いみ（意味）のずれ 141
いろ（色） 107
　色の名の人名（Brown） 108
いんおう（印欧）語の基礎語彙 18
　印欧祖語からゲルマン語へ 8
インク 86
ヴァイキング時代 20
うかぶ（浮かぶ） 114
うけとる（受け取る） 115
うごく（動く） 113
ウサギ 75
うし（牛） 73
うつ（打つ） 112
うつくしい（美しい） 109
ウナギ 78
うま（馬） 73
うまれる（生まれる） 110
うみ（海） 33
うる（売る） 116
うれしい（嬉しい） 119

— 152 —

うんてん（運転）する　113
えいご（英語）を話す　27
えき（駅）　81
えだ（枝）　71
エンドウ豆　69
エンピツ（鉛筆）　86
オーバー　96
おいしい　104
おいて（置いて）ある　120
おう（王）　90
　王・女王・王の　140
おうじ（王子）　90
おうじょ（王女）　90
おえる（終える）　122
おおい（多い）　106
おおかみ（狼）　75
おおきい（大きい）　101
おおむぎ（大麦）　71
おきる（起きる）　111
おく（置く）　120
おくる（送る）　115
おこめ（お米）　66
おしえる（教える）　84
おしの（しゃべれない）　100
おそい（遅い）　103
おちゃ（お茶）　67
おっと（夫）　31
おとこ（男）　29
おどる（踊る）　114
オノマトペ成立の四段階　141
おぼえる（覚える）　118
おもい（重い）　104
おもしろい（面白い）　105
およぐ（泳ぐ）　113
オランダ語（仏語からの借用語）　22
おりる（降りる）　82
オレンジ　69
おろかな（愚かな）　109

おわる（終わる）　122
おんがく（音楽）　134
オンドリ　74
おんな（女）　29
か（蚊）　76
かいが（絵画）　88
かいぎ（会議）平原　21
かいしん（改新）　20
がいろ（街路）　81
かう（買う）　116
かえす（返す）　116
カエル（蛙）　76
かお（顔）　97
がか（画家）　88
かがみ（鏡）　94
かく（書く）　112
がくせい（学生）　84
かしこい（賢い）　109
かじや（鍛冶屋）　89, 151
かじる → 食べる　141
かしわ（柏）　72
かす（貸す）　116
かぜ（風）　80
かせぐ（稼ぐ）　117
カタツムリ　77
かたほう（片方）の手…　135
かちく（家畜）　73
ガチョウ　75
がっこう（学校）　83
かなしい（悲しい）　119
カニ（蟹）　78
かべ（壁）　94
かみ（紙）　86
かみ（髪）　91
カメ（亀）　75
かもく（科目）　84
かようび（火曜日）　124
からい（塩辛い）　104

ガラス　122
カラスムギ　71
からだ（身体）　97
からの（空の）　106
カリフラワー　68
かりる（借りる）　116
かるい（軽い）　104
かわ（川）　79
かわき（のどの）　101
かんがえる（考える）　118
　考える葦　140
かんけい（関係）代名詞　44
　関係文　46
かんしゃ（感謝）する　67
かんじる（感じる）　118
かんぞう（肝臓）　99
かんたん（感嘆）文　43
き（木）　71
きかい（機械）　95
きかがく（幾何学）　134
きく（聞く）　118
きしゃ（汽車）　81
きせつ（季節）　124
きそ（基礎）語彙　16
きた（北）　123
きって（切手）　87
キツネ　75
きのう（昨日）　127
ぎもん（疑問）代名詞　43
　疑問副詞　132
キャベツ　68
ぎゅうにく（牛肉）　66
キュウリ　68
きゅうりょう（給料）　117
きょう（今日）　127
きょうかい（教会）　91
きょうし（教師）　83
きょうじゅ（教授）　84

きょうせい（共性）　12
きょうだい（兄弟）　30
　兄弟・姉妹　140
きょうへんか（強変化）動詞　15
きょうよう（教養）科目　133
きら（嫌）いだ　119
きる（着る）　112
きる（切る）　112
きん（金）　122
ぎん（銀）　122
ぎんこう（銀行）　117
きんようび（金曜日）　124
くうふく（空腹）　101
　空腹の　101
くがつ（9月）　127
くさ（草）　71
くし（櫛）　97
クジラ（鯨）　78
くすり（薬）　89
くち（口）　98
くちびる（唇）　98
くつ（靴）　96
くつした（靴下）　96
くっせつ（屈折）孤立化　24
くび（首）　99
クマ（熊）　75
くらい（暗い）　103
くるま（車）　81, 113
くろい（黒い）　107
げいじゅつ（芸術）　88
げいじゅつか（芸術家）　88
けいようし（形容詞）の強変化と弱変化　13
　形容詞の述語的用法　14
げきじょう（劇場）　117
けっこん（結婚）する　31
けっして（決して）...ない　130
げつようび（月曜日）　124

ゲルマニアの五つの地域　2
ゲルマン語の特徴　9
ゲルマン諸語の統一性と多様性　10
げんき（元気）だ　100
げんご（言語）　85
げんご（言語）と文化　28
げんご（言語）表現の四つのレベル　144
けんこう（健康）　100
　健康な　100
げんごがく（言語学）　85
げんざい（現在）完了　48
けんちく（建築）　113
ご（語）の整合性　139
ご（語）の対義性　139
ゴート語の強変化動詞7類　15
コーヒー　67
ごい（語彙）の構造　139
こいぬ（子犬）　74
こうくう（航空）便　87
こうし（講師）　84
こうずい（洪水）　80
こうつう（交通）　82
こうとう（高等）学校　83
こうふく（幸福）な　109
ごがつ（5月）　126
こくみん（国民）　90
ごくらく（極楽）　93
こころ（心）　99
ごこん（語根）重複動詞　15
コソアド　36
コソアドの四体系　142
こども（子供）　31
　子供が小さいうちは...　137
ことり（小鳥）　77
ことわざ　134-138
こねこ（子猫）　74
こはく（琥珀）　122

こむぎ（小麦）　71
　小麦粉　71
こめ（米）　66
こゆう（固有）名詞　148-151
これは本です　38
ころす（殺す）　110
こんしゅご（混種語）　146
こんにちは　133
ざいらいご（在来語）　22
さかな（魚）　66
さっか（作家）　87
さとう（砂糖）　66
さむい（寒い）　104
さようなら　133
サラエボ（沙羅英慕）　149
サラダ　68
サル（猿）　76
さわ（騒）がしい　109
さんがつ（3月）　126
さんじ（3時）です　129
し（詩）　87
じ（時，2時）　129
しお（塩）　66
シカ（鹿）　76
しがつ（4月）　126
じかん（時間）　129
しきさい（色彩）語　141
じごく（地獄）　93
じしょ（辞書）の表現　10
しじん（詩人）　87
しずかな（静かな）　109
しずむ（沈む）　113
しぜん（自然）　79
　自然科学　85
した（舌）　98
したぎ（下着）　114
しちがつ（7月）　126
しちじはん（7時半）　130

― 155 ―

しって（知って）いる　120
しぬ（死ぬ）　110
しばしば（often）　130
しまい（姉妹）　30
しまって（閉まって）いる　121
じみ（地味）な　108
しめる（閉める）　121
しゃかい（社会）　90
　社会科学　85
じゃくにく（弱肉強食）　136
じゃくへんか（弱変化）動詞　15
シャツ　95
しゅう（週）　124
じゅういちがつ（11月）　127
しゅうかく（収穫）　70
じゅうがつ（10月）　127
しゅうじがく（修辞学）　133
しゅうそく（収束）的発達　8
じゅうにがつ（12月）　127
しゅじん（主人）　91
しゅっぱつ（出発）する　115
しょうがっこう（小学校）　83
しょうけい（鐘形）杯民族　61
しょうじょ（少女）　31
しょうねん（少年）　31
　少年・少女　139
じょうたい（状態）の受動　121
じょおう（女王）　90
しょくじ（食事）　65
しょくひん（食品）　65
しょくぶつ（植物）　71
じょすう（序数）　64
じょちゅう（女中）　91
しも（霜）　80
　霜が降りる　80
しらかば（白樺）　72
しる（知る）　120
しろい（白い）　107

しんこう（進行）形　46
しんじる（信じる）　92
しんせいな（神聖な）　92
しんぞく（親族）語彙　18
しんぶん（人文）科学　85
しんわ（神話）　88
すいみん（睡眠）　111
すいようび（水曜日）　124
すうがく（数学）　133
すうし（数詞）　59-
　数詞と格　63
スカート　95
すき（好き）だ　119
すくない（少ない）　106
すぐに　131
すずしい（涼しい）　104
スズメ　77
ズボン　96
スリッパ　96
する（do）　110
せいき（世紀）　11
せいと（生徒）　83
ゼウス（が雨を降らせる）　79, 80
せかい（世界）　33
せっけん（石鹸）　97
せつぞくし（接続詞）　132
せびろ（背広）　95
せまい（狭い）　102
せんせい（先生）　83
せんそう（戦争）　34
せんたくき（洗濯機）　114
せんたくび（洗濯日）　125
せんもん（専門）　84
ソーセージ　65
ゾウ（象）　76
そこく（祖国）　90
ソシュールの名前から　145
そら（空）　80

だいがく（大学） 13, 84
だいく（大工） 89
たいよう（太陽） 34
　太陽が昇る・沈む 139
タオル 97
タカ（鷹） 77
たかい（高い） 102
たかい（背が高い） 101
たかい（値段が） 117
たごこん（多語根）的 47
ただ（正）しい 108
たつ（立つ） 121
たっている（立っている） 121
たてもの（建物） 93
たてる（建てる） 113
たび（旅） 81
たべる（食べる） 67
たね（種） 70
タマゴ 66
タマネギ 68
たんご（単語） 86
だんせい（男性）語と女性語 25
ち（地） 33
チーズ 65
ちいさい（小さい） 101
ちかてつ（地下鉄） 82
ちち（父） 30
ちゃいろ（茶色） 108
ちゅうおう（中央） 123
ちゅうがっこう（中学校） 83
ちゅうしょく（昼食） 65
ちゅうわ（中和）しうる対立 141
ちょうこくか（彫刻家） 89
ちょうしょく（朝食） 65
つかれた（疲れた） 100
つき（月, moon） 34
つき（月, month） 128
つくえ（机） 94

つくる（作る） 110
ツバメ 77
つま（妻） 31
つまらない 105
つみ（罪） 110
つんぼの（耳の不自由な） 100
て（手） 97
テーブル 94
ていかんし（定冠詞） 11, 35
てがみ（手紙） 86
てき（敵） 32
でぐち（出口）・入り口 139
デザイナー 89
てつ（鉄） 122
てつどう（鉄道） 81
デパート 121
てぶくろ（手袋） 96
でる（出る） 115
テレビ 95
てん（天） 33
てんき（天気） 79
てんごく（天国） 93
てんし（天使） 91
でんせつ（伝説） 88
てんもんがく（天文学） 134
でんわ（電話） 95
ドア 93
トイレ 94
どう（銅） 122
どうさ（動作）の受動 121
ドゥシャンベ 150
どうぶつ（動物） 73
どうわ（童話） 88
とき（時） 129
ときどき 130
どくしょ（読書） 112
とけい（時計） 129
とげのないバラ... 136

とし（都市）　81
とし（年）老いた　103
としょかん（図書館）　112
とぶ（飛ぶ）　114
とぶ（跳ぶ）　114
トマト　68
どようび（土曜日）　124
とり（鳥）　77
どれい（奴隷）　91
ドレス　95
どろぼう（泥棒）　116
どんな種類の　44
ナイチンゲールからの連想語　143
ながい（長い）　102
なくす（失くす）　116
ナシ（梨）　69
なつ（夏）　124
なる（become）　110
にがつ（2月）　126
にく（肉）　66
にし（西）　123
にじ（虹）　79
にじかん（2時間）　129
にじに（2時に）　129
にじゅう（二重）名　150
にじゅっしん（二十進）法　61
にた（似た）者同士…　135
にちようび（日曜日）　124
にる（煮る）　66
にわ（庭）　93
ニワトリ　73
にんぎょひめ（人魚姫）からの連想語　143
　　人魚姫の分析　143
にんげん（人間）　29
にんしょう（人称）代名詞　38-
ニンジン　68
ニンニク　69

ぬぐ（脱ぐ）　112
ぬすむ（盗む）　115
ね（根）　71
ネコ（猫）　74
ネズミ（鼠）　78
ねだん（値段）　116
ねる（寝る）　112
ねん（年）　128
のうぎょう（農業）　70
のどの渇いた　101
のむ（飲む）　67
のる（乗る）　82
のる（乗る）・降りる・乗り換える　139
は（歯）　98
は（葉）　71
はい（灰）色の　108
ハイジ　150
はいしゃ（歯医者）　89
はいる（入る）　115
ハエ　76
はがき（葉書）　87
はこぶ（運ぶ）　115
はし（橋）　81
はし（端）　123
はじまる（始まる）　122
はじめる（始める）　122
はしる（走る）　113
バター　65
はたけ（畑）　70
はたらく（働く）　111
はちがつ（8月）　126
はちじ（8時）30分に　130
ハチミツ　78
ハチミツ酒　78
ハト（鳩）　77
はな（花）　72
はな（鼻）　98

はなび（花火）2
はな（華）やかな 108
はは（母）30
はやい（早い，速い）103
はら（腹）99
バラ（薔薇）72
ハラルド美髪王 21
はる（春）124
パン 65
パンを食べる 26
ハンカチ 96
はんざい（犯罪）110
ばんさん（晩餐）65
はんせい（反省）する 118
パンツ 96
はんぶん（半分）の 106
ひ（日）128
び（美）はほろびる... 138
ビール 67
ひがし（東）123
ひがし（東）へ行っても... 137
ヒキガエル 76
ひくい（低い）102
ひくい（背が）101
ひげ（髭）98
ひこうき（飛行機）82
ひこうじょう（飛行場）82
ひざ（膝）99
ひじょう（非常）によい 131
ひだり（左）123
びっこの 100
ヒツジ（羊）73
ヒッタイト語 26
ひとびと 90
ひとりの死... 134
ひばな（火花）2
ひまな 105
ヒマワリ（向日葵）2

びょう（秒）129
びょういん（病院）89
びょうき（病気）100
　病気の 100
ヒヨコ 74
ひる（昼）128
ひろい（広い）102
びんせん（便箋）87
ふかい（深い）102
　深い・浅い 140
ふこう（不幸）な 109
ブタ（豚）73
ふっても（降っても）照っても 145
ブドウ（葡萄）70
ブナ（beech）72
ふね（船）82
ふゆ（冬）124
ふるい（古い）102
ふれる（触れる）118
ふん（分, minute）129
ぶん（文）86
ぶんがく（文学）87
ぶんがくし（文学史）28
ぶんき（分岐）的発達 8
ぶんぽう（文法）85, 133
　文法化 24
　文法性 11
へいわ（平和）34
ベッド 94
ヘビ（蛇）78
へや（部屋）93
ペルシアのリンゴ 69
ペン 86
ボート 82
ほうがく（方角）123
ほうげん（方言）85
ぼうし（帽子）96
ぼうふう（暴風）80

ホウレンソウ 69
ポキッ 141
ほくおう（北欧）神話 33, 78, 125
ぼくし（牧師）91
ポケット 97
ほし（星）80
ポテト 68
ホメーロス 79
ほんや（本屋）112
ほんやく（翻訳）する 85
まじょ（魔女）92
まずい 104
まち（町）81
まちが（間違）った 108
マツ（松）72
まつゆきそう（松雪草）72
まど（窓）93
まな ぶ（学ぶ）84
マメ（豆）69
まもなく 131
まるい（丸い）106
まんぞく（満足）している 119
まんねんひつ（万年筆）86
みぎ（右）123
みじかい（短い）102
みず（水）67
　水を飲む 26
みずうみ（湖）79
みせ（店）117
みち（道）81
みつける（見つける）116
ミツバチ 78
みどり（緑）の 107
みなみ（南）123
みにくい（醜い）109
みみ（耳）98
みる（見る）118
ミルク 65

むずかしい 105
むすこ（息子）30
むすめ（娘）30
むね（胸）99
むら（村）81
め（目）98
めいし（名詞）の複数 12
めいしん（迷信）93
めがね（眼鏡）98
めしつかい（召使）91
メロン 70
メンドリ 74
もうもく（盲目）の 100
もえる（燃える）石 122
もくようび（木曜日）124
もじ（文字）86
もってくる（持って来る）115
ものがたり（物語）88
モミ（樅）72
モモ（桃）69
もり（森）79
ヤギ（山羊）73
やく（焼く）66
やくだつ（役立つような）105
やさい（野菜）68
やさしい（容易な）105
やすい（安い）117
やすむ（休む）111
やなぎだ（柳田国男）22
やね（屋根）94
やま（山）79
ゆうがた（夕方）128
ゆうごう（融合）syncretism 23
ゆうしょく（夕食）65
ゆうじん（友人）32
ゆうびん（郵便）87
ゆうらんせん（遊覧船）82
ゆうれい（幽霊）92

ゆか（床） 94
ゆき（雪） 80
　雪が降る 80
　雪のように白い 132
ゆび（指） 99
ユピテル（が雨を降らせる） 80
ゆびわ（指輪） 97
ゆめ（夢），夢を見る 111
ユリ（百合） 72
ヨーロッパ的改新 24
ヨーロッパの表庭と裏庭 24
ヨーロッパ素（Europeme） 147-148
よい（good） 108
ようせい（妖精） 92
よこ（横）にする 120
よこ（横）になる 120
よむ（読む） 112
より多い 106
より少ない 106
よる（夜） 128
よろこぶ（喜ぶ） 119
ライオン 75
ライ麦 71

ラクダ 76
ラジオ 95
ラングとパロール 146
りかい（理解）する 120
りく（陸） 33
りょうしん（両親） 30
りょうり（料理）する 66
リンゴ 69
りんりがく（倫理学） 133
れいぞうこ（冷蔵庫） 95
レストラン 117
れんそう（連想）関係 142
ローマは1日にして... 137
ローマは1年にして... 138
ろくがつ（6月） 126
ロバ 75
ワイン 67
わかい（若い） 103
わへい（和平）交渉 2
ワシ（鷲） 77
わすれる（忘れる） 118
わるい（悪い） 108

スイスの黄金時代．昔，スイスのMelchinau（メルヒナウ，ミルク湖）という村に巨大な牝牛がいたそうだ．その前足から後足まで人は30分も歩かねばならなかった．ミルクをしぼるために池を掘った．当時のバターの巨大なかたまりは岸壁となって残っている．（Alpensagen, nacherzählt von C. Englert-Faye, illustriert von Berta Tappolet. 2. Aufl. Zürich 1941）

英 語 索 引

Ablaut 9
actional passive 121
Aelfric 29
agriculture 70
airmail 87
airplane 82
airport 82
all 106
always 130
amber 122
angel 91
animal 73
antonymy 139
apple 69
architecture 113
art 88
article 11
artist 88
as soon as 132
ass 75
assimilation 51
astronomy 134
at eight thirty 130
at once 131
August 126
author 87
baby 31
bad 19, 108
barley 71
Bàrtoli, Matteo 22
basic English 16
be 19
beの変化 46
Beaker Folk 62
bean 69
bear 75

beard 98
beautiful 109
beauty is... 138
become 110
bed 94
bee 78
beech 72
beef 66
beer 67
begin 122
believe 92
belly 99
Beowulf 55
big 101
birch 72
bird 76
Bishkenova A. 4
black 19, 107
blind 100
blue 107
boat 82
body 97
boil 66
bookstore 112
Bopp, Franz 10
boring 105
borrow 116
boy 31
boy-girl 139
branch 71
bread 65
breakfast 65
breast 99
bridge 81
brilliant 108
bring 115

broad　102
brother　30
brother-sister　139
brown　108
Buck C.D.　4
build　113
busy　105
butter　65
buy　116
-by　21
cabbage　68
camel　76
can　58
cap　96
car　81, 113
carpenter　89
carrot　68
carry　115
cat　74
cattle　73
cauliflower　68
center　123
century　11
chair　94
champ sémantique　140
cheap　117
cheese　65
chicken　73, 74
Chigusa 千種真一　4
child　31
children when little...　137
church　91
city　81
clergyman　91
clever　109
clock（置時計）　129
close（v.）　121
clothes　95

coffee　67
cold　104
Collier's Encyclopedia　149
color　107
color names　141
comb　97
come　19
come の変化　52
consonant gemination　12
consonant shift　9
content（a.）　119
cook　66
cool　104
Copenhagen　23
copper　122
correct　108
Coseriu, Eugenio　17
cow　73
crab　78
crack!　141
crime　110
crippled　100
cucumber　68
cut（v.）　112
-dal　21
dance　114
dark　103
daughter　30
day　128
de Vries, Jan　4
deaf　100
December　127
Décsy, Gyula　4, 18, 146, 147
deep　102
deer　76
definite article　35
dentist　89
department store　121

Derby 21
designer 89
desk 94
devil 92
dialect 85
die 110
difficult 105
dinner 65
direction 123
do 110
doctor 89
dog 74
donkey 75
door 93
double (bilingual) name 150
dove 77
drawing 88
dream (n.v.) 111
dress 95
drink 19, 67
drink water 26
drink の変化 57
drive 113
duck 75
dull 105
dumb 100
Düringsfeld 夫妻 5, 134
Dushanbe 150
eagle 77
ear 98
early 103
earn 117
earth 33
east 123
east or west... 137
easy 105
eat 19, 67
eat bread 26

eat の変化 56
edge 123
eel 78
egg 66
elephant 76
eleven = one left 59
empty 106
end 123
enemy 32
enter 115
European innovations 24
European syntax 24
Europeme 147-148
evening 128
évolution cyclique 148
exclamatory sentence 43
exit-entrance 139
expensive 117
eye 19, 98
eyeglasses 98
face 97
fairy 92
fairy tale 88
Falk-Torp 76, 80
fast 103
father 30
fatherland 90
February 126
feel 118
few 106
few are like father... 138
field 70
fig 70
find 116
finger 99
finish 122
fir 72
fish 66

— 164 —

Flexionsisolierung 24
float 114
flood 80
floor 94
flour 71
flower 72
fly (n.) 76
fly (v.) 114
foolish 109
foot 19, 97
for us 131
forest 79
forget 118
fountain pen 86
fox 75
Fraenkel, Ernst 5
free 105
(it) freezes 80
Friday 124
friend 32
Frigg 125
frog 76
frost 80
(it) frosts 80
fruit 69
full 106
garden 93
garlic 69
-gate 21
gender 11
geometry 134
get off 82
get on 82
get on/get off/change 139
get up 111
ghost 92
girl 31
give 67

glass 122
glottochronology 16
glove 96
go 19
goの変化 50
go out 115
goat 73
God 91
gold 122
good 19, 108
good father 35
goodbye 133
goose 75
grammar 133
grass 71
gray 108
green 19, 107
grey 108
Grimm, Jacob 10, 15
Gudschinsky, Sarah 18
half 106
half past seven 130
hand 19, 97
handkerchief 96
happy 109
hare 75
harvest 70
hat 96
Haudry, Jean 5, 148
have 19
haveの変化 48
hawk 77
head 19, 97
health 100
healthy 100
hear 118
heart 99
heaven 33

heavy　104
hell　93
hello　133
hen　73, 74
here-there-where　36
high　102
high school　83
Hittite　26
holy　92
honey　78
horse　73
hospital　89
hot　103
house　93
how many　132
how much　132
Hrozný, Bedrich　26
humanities　85
hundred　62
hunger　101
hungry　101
husband　31
Hutterer, C.J.　5
hybrid word　146
I am glad　119
I am pleased　119
I came の変化　53
I don't like it　119
I had の変化　49
I know him　120
I know it　120
I live の変化　55
I love you　119
I'm well　100
I was の変化　47
I was born　110
I went の変化　51
ill　100

illness　100
in Tokyo　131
Indo-Europeanness　19
Indo-European purity　19
ink　86
innovation　20
interesting　105
interrogative pronoun　43
iron　122
is closed　121
is open　121
isn't it?　133
Ishigaki 石垣幸雄　4
isogloss　19
it is three o'clock　129
January　126
Jóhannesson, Alexander　18
July　126
jump　114
June　126
Kalevala　146
Kendal　21
kill　110
king　90
king-queen-royal　140
Kirkdale　21
kitten　74
knee　99
Koizumi, Tamotsu（小泉保）　146
König, Ekkehard　5
Krahe, Hans　5, 9
lake　79
lame　100
land　33
language　85
language and culture　28
langue and parole　146
large　101

large fish... 136
late 103
lay 120
leaf 71
leap 114
learn 84
leave 115
lecturer 84
left（左） 123
lend 116
less 106
Lewy, Ernst 24
lexicostatistics 16
library 112
lie（置いてある） 120
lie (down) 120
life or death 132
light 103, 104
like will to like 135
lily 72
Lindbergh 82
linguistics 85
lion 75
lip 98
literature 87
little 101
little bird 77
little cat 74
little dog 74
liveの変化 54
liver 99
logic 133
Lokotsch, Karl 76
long 102
lose 116
love (n.v.) 119
low 102
lunch 65

machine 95
maidservant 91
Maienfeld 150
mail 87
make 110
man 29
many 106
March 126
marginal theory 22
market 117
marry 31
Maršak, Samuil 72
master 91
mathematics 133
May 126
mead 78
meat 26, 66
medical doctor 89
medicine 89
Meillet, Antoine 142
melon 70
Milewski, Tadeusz 146, 147
milk 65
mirror 94
Monday 124
monkey 76
month 128
moon 34
moonflower 2
more 106
Morimoto, Kakutan（森本覚丹） 146
morning 128
mosquito 76
mother 30
mountain 79
mouse 78
mouth 98
move 113

much   106
music   134
must   58
my child   42
my father   42
my mother   42
myth   88
mythology   88
narrow   102
nation   90
native words   22
natural science   85
nature   79
neck   99
neutralizable opposition   141
never   130
new   19, 102
nice   104
night   128
nightからの連想   143
ninety-nine   62
no rose...   136
noisy   109
noon   128
north   123
nose   98
not good   104
November   127
number and case   63
oak   72
oats   71
October   127
Odin   125
often   130
Ogden-Richards   16
old   19, 102, 103
on the table   131
one-and-twenty   61

one hand washes...   135
one man's meat...   134
onion   68
onomatopoeia   141
open (v.)   121
orange   69
ordinal numbers   64
overcoat   96
pagan   92
painter   88
palatalization   12
pants   96
paper   86
paradise   93
parents   30
pastor   91
Paul, Hermann   5
pay (n.)   117
pea   69
peace   34
peace negotiation   2
peach   69
pear   69
pen   86
pencil   86
people   90
personal pronoun   38-
picture   88
pig   73
pigeon   77
pine   72
pink   107
plain   108
plant   71
pocket   97
poet   87
poetry   87
Pokorny, Julius   62

polythematic 47
post 87
post card 87
postposed article 12
potato 68
Pottier, Bernard 5, 111
predicative 14
prefix ge- 16
price 116
Priese, Oskar 5
primary school 83
prince 90
princess 90
professor 84
proper names 148-151
proverbs 134-138
pupil 83
puppy 74
put 120
quaternary deixis 142
queen 90
quick 103
quiet 109
rabbit 75
radio 95
railway 81
rain 79
(it) rains 79
rainbow 79
rapports associatifs 142
rat 78
read 112
reading 112
receive 115
red 19, 107
reflect 118
refrigerator 95
relative pronoun 44

remember 118
rest 111
restaurant 117
return 116
rhetoric 133
rice 66
right (右) 123
right (a.) 108
ring 97
river 79
road 81
roast 66
robber 116
Robinson Crusoe 61
Rome was not... 138
roof 94
room 93
rose 72
round 106
run 113
rye 71
sad 119
salad 68
salary 117
salt 66, 104
salty 104
Sarajevo 149
Saturday 124
sausage 65
Saussure, Ferdinand de 142
Schmidt, Johannes 8
school 83
sculptor 89
sea 33
secondary school 83
see 118
seed 70
sell 116

semantic change 140
send 115
sentence 86
September 127
servant 91
seven liberal arts 133
shallow 102
sheep 73
Shimomiya, Tadao 142
ship 82
shirt 95
shoes 96
shop 117
short 101, 102
shut 121
sightseeing boat 82
silver 122
simple 108
sin 110
sink 113
sister 30
skirt 95
sky 80
slave 91
sleep 111
slippers 96
slow 103
slow and steady 132
small 101
smith 89
Smith (Schmidt, Fabre...) 151
snail 77
snake 78
snow 80
(it) snows 80
snowdrop 72
Snow White 146
soap 97

social science 85
society 90
socks 96
Solmsen, Felix 5
sometimes 130
son 30
soon 131
south 123
sparrow 77
speak English 27
speciality, specialty 84
spinach 69
stable words 18
stamp 87
stand 121
stand up 121
standardization 8
star 80
start 115
statal pasive 121
station 81
steal 115
stockings 96
stomach 99
store 117
storm 80
story 88
strawberry 70
street 81
strike 112
Stroh, Friedrich 5
strong verbs 9
student 84
subject 84
substratum 20
subway 82
suffixed article 12
sugar 66

suit (n.)　95
sun　34
(the) sun rises...　139
Sunday　124
sunflower　2
superstition　93
supper　65
Swadesh, Morris　16
swallow　77
sweat　99
sweet　104
swim　113
symmetry　139
syncretism　23
syrup　67
table　94
Tacitus　20
tag question　133
take a rest　111
take off　112
tale　88
tall　101
tastes good　104
Tatian　26
tea　67
teach　84
teacher　83
telephone　95
television　95
Terasawa 寺澤芳雄　4
thank　67
thank you　133
theater　117
thief　116
Thingvellir　21
think　118
thirst, thirsty　101
thirty　61

This is a book　38
Thor　125
-thorpe　21
thousand　63
Thursday　124
tired　100
toad　76
today　127
to Tokyo　131
toe　99
toilet　94
tomato　68
tomorrow　127
tongue　98
too expensive　131
tooth　98
tortoise　75
touch　118
towel　97
town　81
train　81
translate　85
tree　71
trip　81
trousers　96
Tuesday　124
twelve = two left　59
twenty　60
two hours　129
ugly　109
Umlaut　12
understand　120
underwear　114
unhappy　109
university　13, 84
useful　105
van der Auwera, J.　5
vegetable　68

very good　131
vigesimal system　61
Viking Age　20
village　81
wall　94
war　34
warm　103
wash　114
washing machine　114
watch（腕時計）　129
water　67
weak verbs　9
wear　112
weather　79
Wednesday　124
week　124
Werner, Otmar　144
west　123
whale　78
what a fine weather!
what kind of...　44
wheat　71
which (relative)　44
white　19, 107
white as snow　132

-wick　21
wide　102
wife　31
-wil　150
wind　80
window　93
wine　67
wise　109
witch　92
-with　21
wolf　75
woman　29
word　86
work（v.）　111
world　33
write　112
writer　87
writing table　94
wrong　108
year　128
yellow　19, 107
yesterday　127
young　103
Zupitza, Julius　29

下宮忠雄（しもみや・ただお）：1935 東京生まれ．1965－67，ボン大学で印欧言語学，ゲルマン語・ロマンス語・スラヴ語・グルジア語を研究．1974－75 冬学期サラマンカ大学でバスク語研究．2005 学習院大学名誉教授．主著：グルジア語の類型論（独文，1978），バスク語入門（1979），ノルウェー語四週間（1993），ドイツ・西欧ことわざ・名句小辞典（1994），ドイツ・ゲルマン文献学小辞典（1995），ヨーロッパ諸語の類型論（2001）．

目録進呈／落丁本・乱丁本はお取替えいたします。

平成 19 年 7 月 20 日　 © 第 1 版発行

ゲルマン語対照辞典の試み	著　者　下　宮　忠　雄
	発行者　佐　藤　政　人
	発　行　所
	株式会社　**大　学　書　林**
	東京都文京区小石川 4 丁目 7 番 4 号
	振　替　口　座　　00120-8-43740番
	電　話　　(03)3812-6281〜3番
	郵便番号　112-0002

ISBN978-4-475-01881-4　TMプランニング・横山印刷・牧製本

大学書林
語学参考書

著者	書名	判型	頁数
下宮忠雄 編著	世界の言語と国のハンドブック	新書判	280頁
下宮忠雄 著	ゲルマン語読本	B6判	168頁
下宮忠雄・金子貞雄 著	古アイスランド語入門	B6判	176頁
浜崎長寿 著	ゲルマン語の話	B6判	240頁
千種眞一 著	ゴート語の聖書	A5判	228頁
森田貞雄・他著	古英語文法	A5判	260頁
児玉仁士 著	フリジア語文法	A5判	306頁
清水 誠 著	現代オランダ語入門	A5判	336頁
上田和夫 著	イディッシュ語文法入門	A5判	272頁
間瀬英夫・他著	現代デンマーク語入門	A5判	264頁
山下泰文 著	スウェーデン語文法	A5判	360頁
森 信嘉 著	ノルウェー語文法入門	B6判	212頁
森田貞雄 著	アイスランド語文法	A5判	304頁
塩谷 饒 著	ドイツ語の諸相	A5判	214頁
乙政 潤 著	入門ドイツ語学研究	A5判	200頁
乙政 潤 著	日独比較表現論序説	A5判	202頁
河崎 靖・フレデリック 著	低地諸国(オランダ・ベルギー)の言語事情	A5判	152頁
斎藤 信 著	日本におけるオランダ語研究の歴史	B6判	246頁
小泉 保 著	改訂 音声学入門	A5判	256頁
小泉 保 著	言語学とコミュニケーション	A5判	228頁

― 目録進呈 ―